知识生产的原创基地
BASE FOR ORIGINAL CREATIVE CONTENT

颉腾商业
JIE TENG BUSINESS

创业智慧

硅谷创业手册

THE ART OF THE START 2.0

THE TIME-TESTED, BATTLE-HARDENED GUIDE FOR ANYONE STARTING ANYTHING

[美] 盖伊·川崎（Guy Kawasaki）著
陈耿宣 陈桓亘 译

中国广播影视出版社

图书在版编目（CIP）数据

创业智慧：硅谷创业手册 /（美）盖伊·川崎著；陈耿宣，陈桓亘译．— 北京：中国广播影视出版社，2022.8

书名原文：The Art Of The Start 2.0

ISBN 978-7-5043-8860-5

Ⅰ．①创… Ⅱ．①盖… ②陈… ③陈… Ⅲ．①企业管理—经验 Ⅳ．① F272

中国版本图书馆 CIP 数据核字 (2022) 第 104289 号

本书版权登记号：图字 01-2022-2748

创业智慧：硅谷创业手册
[美] 盖伊·川崎（Guy Kawasaki） 著
陈耿宣 陈桓亘 译

策　　划	颉腾文化
责任编辑	任逸超　马　腾
出版发行	中国广播影视出版社
电　　话	010-86093580　010-86093583
社　　址	北京市西城区真武庙二条 9 号
邮　　编	100045
网　　址	www.crtp.com.cn
电子信箱	crtp8@sina.com
经　　销	全国各地新华书店
印　　刷	北京市荣盛彩色印刷有限公司
开　　本	710 毫米 ×1000 毫米　1/16
字　　数	273（千）字
印　　张	17.25
版　　次	2022 年 8 月第 1 版　2022 年 8 月第 1 次印刷
书　　号	ISBN 978-7-5043-8860-5
定　　价	79.00 元

Foreword | 推荐序

“天下没有免费的午餐”，这句话你可能已经听了无数遍，但是如果你正在读这本书，你就有了一顿“免费的午餐”。你可能会想：我花钱买的书，怎么能是免费的呢？那是因为，你支付的钱与书中智慧的价值相比，简直不值一提。我读过很多关于创业的书，并且还亲自写过几本。因此，我可以说这本书是创业书籍中当之无愧的佼佼者。这本书集建议、策略、深谋远虑于一体。只有像盖伊这样有经验的创业家才能将这些要素整合起来。

在我创立 Educators Park，并将其打造成美国领军的虚拟加速器公司期间，我对那些有抱负的创业者提供的指导和盖伊在书中精心打磨过的建议别无两样。这本书吸引我的最主要原因是它关注价值创造的基本信条，而这恰好也是 Educators Park 的基石。更重要的是，这本书非常关注创业者的个性。因为我同时是商学院教授，因此 Educators Park 孵化的不仅是初创公司，更是创业者本人。我们创立的这个系统就是要去培育、激发创业者的个性。而这本书就是教你如何自主培养个性。

无论你有多好的想法，除非你已经找到或者正在招募能够将其实现的团队，否则这个想法就产生不了大的影响。这个团队就是初创公司的主心骨。但是，就像心脏也需要呼吸系统、循环系统等才能让有机体存活下来。同样的，我们

Educators Park 的工作就是帮助创业者招募一个好的团队并让这个团队越来越强大。但是，我们不会止步于此，我们会继续提供一套生态系统，一套可以让所有创业者和公司成长的系统。但是，这还不够。我们的“业务体系”没有局限于孵化初创公司和助力成长，而是已经拓展到了助力成熟公司持续创新，因为创业需要拓展，他已经不满足于车库和地下室了。与我们的框架一样，盖伊讲授创业也采用了拓展的方式，虽然从书名上看不出来。这也是我毫不犹豫地给所有的学生、潜在创业者推荐这本书的原因。

这里，我想再强调一下这本书吸引我的几个点。我们在 Educators Park 里有一条 MISS 准则，意思是“让事情变得简单、直接”。我们对创造价值的基本要求就是让事情和过程更简单。这本书中表达的信息以及信息传递的方式都非常简单。他先叙述信息，然后以分点和问答的形式展示信息。除此之外，他还提到了“标语”对初创公司的价值，这和我们在 Educators Park 里提到的 MISS 准则不谋而合。我们经常会看到别人展示他的宏图伟业，但是不能提供相关细节。没有细节，执行起来就非常困难。另一方面，知道细节对总体蓝图没有把握也会让人误入歧途。盖伊好像就可以在一个精心设计的蓝图中展现细节。盖伊在谈论细节时，如给公司起名时，名字的首字母要排在字母表前面，非常地轻松、灵活。在谈论大的蓝图时，如曲线跳跃，他也是以这种轻松的方式。继续说下去的话，我可以再写好几页，但是盖伊说这本书是给那些可能会说“少废话，直接开始吧！”的人看的。所以其他的魅力你就自己去发现吧。

潘卡基·马斯卡拉

（Pankaj Maskara）

Preface | 序

我从未想过为了名和誉而写作。我心里有一定要发泄出来的东西，这才是我写作的原因。

——路德维希·凡·贝多芬（Ludwig van Beethoven）

“如果我当时就知道我现在所知道的话”，大多数经验丰富的企业家都会在某个时候这么说。而我的目标是，当你读了这本书后，你不再需要这么说。

我开了三家公司，投资了十家公司，为小到只有两个人的公司和大到像谷歌这样的公司做过咨询服务。我曾两次在苹果公司工作，现在在一家名为Canva的初创公司担任首席布道官。成百上千的企业家向我推销自己和业务——我的右耳不停地响。

说到创业，我已经经历过好几次了。现在，我正在做一项技术人员将其称为“核心转储”的工作，也就是记录我记忆中的内容。我的知识来自我的伤疤——换句话说，你会从我的“后见之明”中受益。

我的目标非常简单且纯粹——让创业变得更加容易。在我弥留之际，我想听到很多人说：“盖伊（Guy）赋予了我力量。”因此，这本书面向的是更广大的人群，具体如下：

- 车库、宿舍和办公室里正在创造下一个伟大发明的男男女女。
- 致力于将新产品推向市场的老牌公司里的勇敢灵魂。
- 非营利性组织中，以“让世界变得更美好”为己任的社会企业家。

伟大的公司、伟大的分歧、伟大的学校、伟大的教堂、伟大的非营利组织；伟大的企业家。这就是计划。在正式开始阅读本书之前，我们需要明确一些细节，具体如下：

- 我的初衷只是想更新这本书。但经过我不断地添加、修改和删除，它已不再是1.0的修订版，而是全新的2.0版本。企鹅出版社的编辑让我在Word中打开审阅模式，以便内容修订排版。有意思的是，2.0版本比1.0版本的篇幅多了64%。
- 简而言之，相较于企业家之间的不同，他们更多是相似的。因此，我用“创业”这个词来指代任何新的风险投资——不论盈利或不盈利；用“产品”来指代任何新的产品、服务或想法。本书的内容几乎可以应用到所有事情上，因此不要纠结于文字。
- 每个建议都有例外，而且我的观点也有可能是错误的。从奇闻轶事中学习是有风险的，但是等待科学证据也是如此。请记住，在创业中很少有事情是对的或错的——只有什么是可行的，什么是不可行的。

假设你的目标是改变世界，而不是研究世界。那么创业是关于行动的，而不是学习如何行动。如果你的态度是“废话少说，开始吧”，那么你读的就是作者写得对的书。话不多说，我们开始吧……

盖伊·川崎

加利福尼亚，硅谷

GuyKawasaki@gmail.com

Contents | 目录

第1章 如何开始创业

1.1 回答简单的问题 002
1.2 找到你的最佳位置 005
1.3 找到灵魂伴侣 006
1.4 创造意义 008
1.5 打造公司标语 009
1.6 选择一种商业模式 010
1.7 编织一张网（里程碑、假设、检验、任务） 013
1.8 保持事情简洁 015
1.9 做令人尴尬的事 017
附录 如何区分竞争者和伪装者 018
常见问题解答 020
推荐阅读 022

第2章 推出产品的策略

2.1 曲线跳跃 024
2.2 选择一个好名字 027
2.3 别担心，平常心 028
2.4 关注接受度而不是扩大规模 029
2.5 找准定位 031
2.6 跨越鸿沟 033
2.7 多播种 035
2.8 讲好故事 037
2.9 走出安全、简单的第一步 038
2.10 走出办公室 040
2.11 做最坏的打算 041
2.12 申请临时专利 042
2.13 孵化（或不孵化） 042

附录 A 如何成为一个演示大神 045
附录 B 内部创新的艺术 047
常见问题解答 050
推荐阅读 051

第3章 领导力的训练

3.1 展现乐观 055
3.2 建立执行文化 055
3.3 选择“红药丸” 056
3.4 找到“墨菲斯” 057
3.5 找到一个“唱反调的人” 058
3.6 雇用比自己优秀的员工 059
3.7 成就他人 060
3.8 专注优势 061
3.9 先解决自己的缺点 061
3.10 不要强迫员工做你自己都不愿意做的事 062
3.11 庆祝成功 063
3.12 选择正确的象限 064
3.13 改变想法 065
3.14 告诉员工：我们需要他们 066
3.15 说话的技巧 067
附录 如何管理董事会 067
常见问题解答 069
推荐阅读 070

第4章 起步期要步步为营

4.1 管理现金流，而不是谋利 073
4.2 依靠云端 074
4.3 拒绝极富经验的团队 075
4.4 从服务型企业开始 076
4.5 直接向客户销售 078
4.6 对标行业巨头 078
4.7 不拘泥于小事 080
4.8 少雇人和业务外包 081
4.9 注重功能，而不是形式 082
常见问题解答 083
推荐阅读 084

第5章 融资的策略

5.1 求助大众（众筹） 086
5.2 天使投资 089
5.3 向风险投资人施压 090
5.4 获得介绍 091
5.5 了解你的听众 093
5.6 展现牵引力 094
5.7 激发想象 095
5.8 认可或创造一个对手 096
5.9 别掉入这些问题陷阱 098
5.10 抓住一只猫 098
5.11 请一个律师 100
5.12 创业与其他事并行 100
5.13 展望未来 101
5.14 像你无法再进行筹钱了一样节约用钱 102
5.15 轻松一刻 102
附录 风险投资人的十大谎言 103
常见问题解答 105
推荐阅读 114

第6章 宣讲与展示的策略

6.1 时刻准备着 116
6.2 定基调 117
6.3 从第 6 分钟开始介绍你的初创公司 117
6.4 遵守“10/20/30”的规则 118
6.5 掌握细节 123
6.6 请让代表发言 124
6.7 飞抵 1 000 英尺高就停下 125
6.8 回答那个小矮人的问题 127
6.9 不断地进行宣讲 127
6.10 提供正确的数字 128
6.11 披露一切 130
6.12 闭嘴、记笔记、总结、复述和跟进 131
6.13 从头重写 132

6.14 先演讲，再计划
——为什么在这本书中没有关于商业计划书的一章 133
附录 A 修改你的宣讲文稿 134
附录 B 如何在商业计划竞赛中胜出 137
附录 C 企业家的十大谎言 139
常见问题解答 141
推荐阅读 142

第7章 团队组建的策略

7.1 忽略无关因素 144
7.2 适时夸大你的期望 146
7.3 收集足够的数据 147
7.4 竭尽所能 150
7.5 说服所有决策者 151
7.6 耐心等待 151
7.7 读懂谎言 152
7.8 进行“购物中心测试” 153
7.9 定义初始审查期 153
7.10 不要认为你的招聘已经结束了 154
附录 背景调查的艺术 155
常见问题解答 156
推荐阅读 158

第8章 布道宣传的策略

8.1 点金术 161
8.2 兼顾差异化与价值 161
8.3 牢记他人的最大利益 163
8.4 实现人性化 164
8.5 打造个性化 166
8.6 学会搭讪 167
8.7 学习如何使用电子邮件 169
8.8 寻求帮助 171
8.9 创造一个社群 172
附录 A 如何让全场人员起立鼓掌 174

附录 B　如何在讨论组中表现出彩 177
常见问题解答 180
推荐阅读 180

第9章 社交媒体的策略

9.1 制订一个计划 182
9.2 对各大平台“心领神会” 183
9.3 完善你的公司简介 184
9.4 通过转发测试 187
9.5 喂养内容怪物 188
9.6 使用“编辑行事历” 189
9.7 像个专业人士一样进行分享 190
9.8 自动发帖 194
9.9 重复发帖 195
9.10 回复评论 196
9.11 获得更多的粉丝 200
9.12 避免看起来无知 200
附录　如何利用社交媒体开展社交活动 203
常见问题解答 206
推荐阅读 207

第10章 求雨引流的策略

10.1 百花齐放 211
10.2 看不见的猩猩 212
10.3 忽略头衔 212
10.4 学会奉承 213
10.5 培训 215
10.6 招揽不可知论者，而不是狂热者 216
10.7 让潜在需求说话 217
10.8 让客户试用 218
10.9 从拒绝中学习 219
10.10 管理“求雨”过程 220
常见问题解答 221
推荐阅读 222

第11章 管理商业伙伴的策略

11.1 因“电子表格”而结成合作伙伴 225
11.2 定义可交付成果和目标 226
11.3 确保公司中底层人员喜欢这种合作 227
11.4 找到内部的拥护者 227
11.5 强调优点，但不要掩盖缺点 228
11.6 达成双赢协议 229
11.7 晚些起草法律文件 230
11.8 在交易中加入“退出”条款 231
11.9 逃离蛇腹 231
常见问题解答 232
推荐阅读 233

第12章 让公司持久的策略

12.1 努力实现内部化 236
12.2 推进实施 237
12.3 使用内在的方法 238
12.4 互相帮助 240
12.5 调用一致性 242
12.6 借用社会证明 243
12.7 建立生态系统 244
12.8 多元化的团队 247
12.9 照顾好你的朋友 247

第13章 “成为一个高尚的人”的策略

常见问题解答 254
推荐阅读 255

后记

企业家到底是做什么的? 258

后记之后

企业家会犯的十个错误 260

译者后记

第 1 章

如何开始创业

在科学领域中，预示着新发现且最激动人心的短语并非“Eureka!”（我找到了！），而是“真有趣……”

——艾萨克·阿西莫夫（Isaac Asimov）

一开始就把事情做对，要比犯错之后再改正容易得多。创业初始阶段就是构建公司 DNA（基因密码）的过程，这个基因密码将会永久伴随公司的发展。关注一些重要的问题，你就能搭建起正确的基础，让自己有精力去关注更重大的挑战。本章将介绍如何开始创业。

1.1 回答简单的问题

有这样一种说法：成功的公司都始于非凡的雄心壮志。这句话的意思是，企业家要想成功，就应该先设定一些宏大的目标。但据我观察，事实恰好相反，伟大的公司往往都从一些简单问题开始。

• **因此，我能做什么？**[1]当你在发现或预测一种趋势并对问题的结果感到好奇时，这个问题便会出现。它的工作原理是这样的：每个人都会有一部带摄像头和可以接入互联网的智能手机。“因此，我能做什么？”“他们能够拍照并分享图片。”“因此，我能做什么？”“我们应该写一个可以让人们将他们的照片上传分享的应用程序，并且允许点赞和评论。”于是，Instagram应运而生。

• **这难道不有趣吗？**好奇心和求知欲催生了这种想法。斯宾塞·西尔弗（Spencer Silver）本来想制造胶水，却意外发明了一种不能把纸粘牢的物质。这个奇怪的发明让便利贴出现在了我们的生活中。雷·克罗克（Ray Kroc）是一名电器销售员，他注意到一家偏僻的小餐厅订购了8台搅拌机。出于好奇，他去参观了那家餐厅，餐厅的成功给他留下了深刻的印象。于是，他向迪克·麦当劳（Dick McDonald）和麦克·麦当劳（Mac McDonald）提出了开类似餐厅的想法，之后的事就是我们熟悉的历史了。

• **有没有更好的办法？**对当前状态的失望是这条新道路的标志。费迪南德·保时捷（Ferdinand Porsche）曾经说过：“一开始，我环顾四周都没有看到梦想中的汽车，于是我决定自己制造它。”斯蒂夫·沃兹尼亚克（Steve Wozniak）发明了苹果一代，因为相比“必须为政府、大学或大公司工作”，他宁愿致力于以更好的方式来使用计算机。拉里·佩奇（Larry Page）和谢尔

1 灵感来自亚德里安·斯莱沃茨基（Adrian Slywotzsky）的《盈利的艺术》（*The Art of Profitability*）。

盖·布林（Sergey Brin）认为，优化搜索结果更好的方法是测量入站链接，于是他们创办了谷歌。

• **为何我们公司不这样做呢？**对现任雇主的不满就是单干的催化剂。当你熟悉市场客户以及他们的需求时，你告诉上级管理者们公司应该创造这样的产品才能满足客户的需要，但他们不听你的。最终，你会选择放弃说服上级，自己单干。

• **这是有可能的，那为何我们不去实现它呢？**前沿的创新市场很少有人敢为人先，所以这条道路的特点是“比胆量”。例如，在20世纪70年代，当摩托罗拉发明便携式电话时，大多数人都无法理解它。当时，手机是与地点相连接，而不是与人相连接的。然而，马丁·库珀（Martin Cooper）和工程师们坚定地继续尝试，最终成功研发，成就了我们熟悉的摩托罗拉。因此，当有人告诉你“竖起招军旗，自有吃粮人”的道理行不通时，不要理他！

> 伟大公司的起源是回答可以改变世界的简单问题，
> 而不是渴望财富。

• **市场领先者的弱点是什么？**三种情况会使市场领先者变得脆弱。第一，当领先者执着于一种经营方式的时候。例如，IBM通过经销商分销计算机，因此，戴尔便可以通过直营的方式创新。第二，当客户对领先者不满意的时候。例如，客户必须开车去百视达（Blockbuster，美国DVD租赁公司）门店才能租还影碟，这为奈飞（Netflix）创造了机会。第三，当市场领先者正在榨取现金而停止创新的时候。这就是为什么微软办公软件（Microsoft Office）受到了谷歌文档（Google Docs）的冲击。

“我们怎么才能赚大钱呢？”并不是一个问题。你可以说我是理想主义者，但伟大公司的起源是回答可以改变世界的简单问题，而不是渴望财富。

练习

完成下列句子：

如果你的初创公司从未存在过，这个世界会变得更糟，

因为__________________________。

1.2　找到你的最佳位置

如果你对简单的问题有了答案，那么下一步便是在市场上找到一个可行的最佳位置。《另一个 F：失败——突破性创新和成长的经验教训》（*The other "F" Word Failure — Wise Lessons for Breakthrough Innovation and Growth*）一书的作者之一、哈斯商学院（Haas School of Business）高级研究员马克·库珀史密斯（Mark Coopersmith）通过三因素的维恩图（Venn diagram）来帮助创业者找到最佳位置（见图 1-1）。

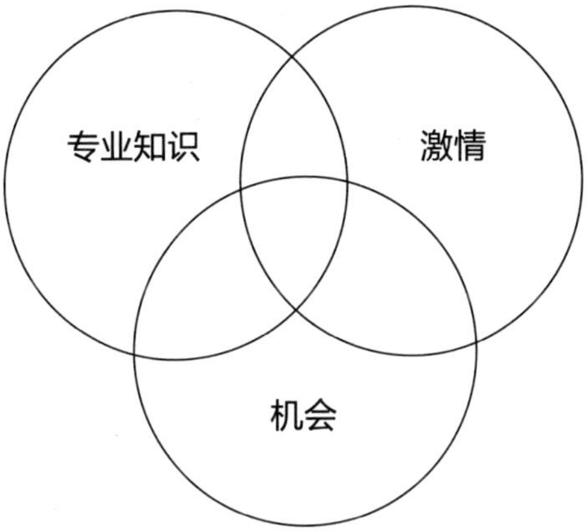

图 1-1　维恩图

- **专业知识**。这是你和你的创始人所能做的一切。虽然你还没有一个完整的团队，但你必须要有核心的基础知识和能力去创造一些东西。只有这样，一家初创公司才能开始启动。
- **机会**。通常，有两种机会摆在眼前：已有市场和潜在市场。选择任何一种都是可以的，但你们都需要对未来几年的市场规模做一个尽量真实的预测。但有些时候，并没有办法能够证明机会的存在，你只能相信。
- **激情**。这是一个很棘手的问题，因为我们并不清楚是激情带来成功，还是成功带来激情。每个人都认为前者是正确的，但说实话，一次业务的成功也很容易让人兴奋，所以后者可能也是正确的。而“成功”往往需要很长一段时间，因此，最好是你起码不讨厌你正在做的事情。

这三个因素并不是初创公司从一开始就必须拥有的。通常，如果你已经具备其中两个因素并且足够努力，获得第三个因素便水到渠成。

1.3 找到灵魂伴侣

下一步就是寻找一些志同道合的灵魂伴侣来开启你的冒险之旅——想一想《魔戒远征》（*The Fellowship of the Ring*）中的佛罗多·巴金斯（Frodo Baggins）吧。虽然人们喜欢“独立创新者”的概念，如托马斯·爱迪生（电灯泡）、史蒂夫·乔布斯（Macintosh）、亨利·福特（T 型车）、安妮塔·罗迪克（美体小铺）和理查德·布兰森（维珍航空），但这是错误的。

通常，一家公司的创立和成功至少需要两个灵魂伴侣的贡献。人们可能认为创新者只是某一个创始人，但事实上一个新创业项目成功的背后是一个团队。

> 第一个追随者将一个孤独的疯子变成了一个领导者。

为了说明这个概念，CD Baby 的创始人德里克·西弗斯（Derek Sivers）在 2010 年的 TED 会议上播放了一段视频。视频开头是一个人在田里独舞，随后第二个人加入进来，然后是第三个人。只身孤影的舞蹈因“人群”变成了一个完整的舞会。

根据德里克·西弗斯的说法，第一个追随者扮演着重要的角色，因为他给领导者带来了信誉。随后的追随者效仿的不仅仅是领导者，也是第一个追随者。用他的话来说，“第一个追随者将一个孤独的疯子变成了一个领导者”。在初创公司中，第一个追随者通常是联合创始人。

为实现共创，你与灵魂伴侣需要既有相似之处，也有不同之处。

1. 关键的相似之处

• **愿景**。虽然这个词已经被那些想成为梦想家的人滥用了，但在灵魂伴侣的语境中，它意味着创业者对初创公司和市场将如何发展有着相似的直觉。例如，如果一位创始人认为台式计算机仍将会是大型组织的办公工具，而其他人则认为未来的趋势应是小型、廉价、易用的个人计算机，那么他们便不般配。

• **规模**。不是每个人都想建立一个帝国，也并非每个人都想把做生意当成一种生活方式。期望不分对错，问题在于各方期望是否相符。但这并不意味着创业者从一开始就能知道自己想要什么，当然，能达成起码的共识是最好的。

• **承诺**。创始人应当拥有相同水平的承诺。创业、家庭和平衡的生活究竟哪一个应该排在首位？如果创始人各有不同的优先事项，初创公司就很难运作起来。例如，一位创始人想要在两年内把初创公司快速卖掉，而另一位创始人想要创建一家能运营几十年的公司，这就会带来问题。理想情况下，创始人都会达成共识：在这一行至少干十年。

2. 可取的差异包括的内容

• **专业知识**。最基本的，初创公司至少需要一个人来制造产品（如史蒂夫·沃兹尼亚克），一个人来销售产品（如史蒂夫·乔布斯）。互补的创始人才能建立起更强大的公司。

• **方向**。有些人注重细节，有些人则更关注大问题而忽略细节。成功的初创公司需要同时拥有这两种类型的创始人才能成功。

• **观点**。观点总是越多越好。多元的观点来自多个对照组，如年轻人与老年人、富人与穷人、男性与女性、城市与乡村、工程师与销售人员、理性的人与感性的人、穆斯林与基督徒等。

最后，是给联合创始人的一些建议：

• **不要着急**。创始人可能要一起工作几十年，因此，选择他们就像选择你的配偶一样——假设你不是经常离婚。相比"创始人多"，"创始人少"对创业更有利。因为和创始人分手就像和配偶分手一样，都很难做到。

• **不要为了提高融资能力而增加创始人**。增加创始人或者录用任何其他员工的目的，一定是为了让你的公司更强大、更有可能成功。因此，问问你自己，"如果不需要资金，我还会雇用这个家伙吗？"如果答案是否定的，那就没有雇用他的必要了。

• **最好的期盼和最坏的打算**。创始团队总会有意见不合的时候。你的初创公司可能是个例外，但以防万一，你应该让每个创始人（包括你自己）都长期持有股权，以防那些在不到四年就离职的人持有大量股权。

1.4 创造意义

现在，假设你已妥当地回答了简单的问题，找到了在市场中的最佳位置以及与你般配的灵魂伴侣，那么接下来你还需要问自己一个问题："这次创业有意义吗？"意义不是金钱、权力或声望，也并非创造一个可以提供免费食物、乒乓球、排球和宠物狗的很酷的工作场所，而是让世界变得更美好。

如果你的创业有意义，那么你可能也会赚到钱。

当你们还是在车库里写代码或者手制小发明的男孩或女孩的时候，"创业是否有意义"是一个很难回答的问题，就像我们也很难理解一颗橡子是如何长成一棵橡树的一样。如果在你最疯狂的梦想中都无法想象你的创业会让世界变得更美好，那么你创办的公司可能也不会“颠覆世界”。

但没关系，让世界变美好的公司并不多，会让世界颠覆的公司就更少了。但是，你的梦想要足够远大。现今的大型公司在刚诞生一年的时候，几乎没有人能预测到它们最终的成功或它们创造的意义。相信我，如果你的创业是有意义的，那么你可能也会赚到钱。

1.5 打造公司标语

下一步是创造一个由三到四个词组成的标语，以解释你的公司正在创造的意义。对初创公司来说，《美国传统英语词典》里对“标语”的定义是十分贴切的：

> 标语是在祈祷或冥想中重复诵念的神圣的语言公式，如对上帝的祈祷、魔法标语或《圣经》中具有神秘力量的音节或语句。

这里有一些示例，它们共同说明了一个好的“标语”在传达公司意义方面的力量：

- 真实的运动表现（耐克）。[1]
- 趣味家庭娱乐（迪士尼）。[2]
- 奖励每一天（星巴克）。[3]
- 商业民主化（易贝）。
- 为工匠赋能（Etsy）。

这些例子说明了标语的三个最重要的特征。

1 斯科特 • 贝德伯里（Scott Bedbury），《新品牌世界：第一世纪实现品牌领导的八项原则》（纽约：维京，2002），51.

2 出处同上，52.

3 出处同上，53.

• **简洁**。标语应简短、亲切而令人难忘（最短的标语是印度语单词“Om”）。相反，企业的使命宣言总是冗长、僵硬且容易遗忘的。不论是公司的首席执行官还是接待员都应该明白这一点。例如，将星巴克标语“奖励每一天”的有效性与它的使命宣言“将星巴克打造成顶级的咖啡供应商，并在成长中坚持不妥协”进行比较，即可发现“简短”的价值。

“真实的运动表现”要比“卖出大量鞋子”好得多。

• **积极**。标语是令人振奋的，它解释了你的公司如何让世界变得更美好。“真实的运动表现”要比“卖出大量鞋子”要好得多。

• **焦点向外**。标语表达了你为客户和社会所做的一切。它们不应表现出自私自利的一面。“致富”是标语的对立面。例如，顾客只希望“使商业民主化”，但他们并不在乎自己是不是让你和股东赚到了钱。

练习

（1）写下你初创公司的标语：____________________。

（2）思考你是如何服务客户的。你的创业有什么意义？

（3）如果有人向你的父母或前台询问你的初创公司是做什么的，他们会怎么回答？

1.6 选择一种商业模式

你可能会多次改变你的商业模式，所以没必要在一开始就一定要做出正确的决定。但是，开始讨论这个话题是非常重要的，因为它让每个人都有了赚钱的想法。所有员工都应该明白，初创公司要么赚钱，要么倒闭。

一个好的商业模式可以让你回答以下两个问题：

• 谁的口袋里有你的钱？

• 你要怎么把它放进你的口袋里？

这些问题可能不够含蓄，但赚钱不是一个委婉的过程。说得更专业一些，第一个问题涉及识别你的客户以及他的需求。第二个问题则是要求你创造一种销售机制，以确保你的收入超过成本。

我认为最好的商业模式在阿德里安·斯莱沃茨基写的《盈利的艺术》一书中。以下是我从斯莱沃茨基的书中精炼出的内容：

• **个性化的解决方案**。这涉及对客户需求进行深入调查并尽全力让他们满意的问题。随着时间的推移，初创公司可以与其他公司建立深厚的关系，以达到可观的销售总额，但每一个新客户都需要进行“肉搏战”才能争取得来。（斯莱沃茨基称之为客户解决方案。）

• **多重销路**。根据斯莱沃茨基的说法，可口可乐体现了这种模式——可口可乐在超市、便利店、餐馆和自动售货机都有销售，即同样的产品在不同的商业环境下以不同的价格出售。

• **市场领导者**。苹果公司就体现了市场领导者的商业模式。市场领导者会创造最具创新性和最炫酷的产品。达到这一地位后，初创公司获得产品溢价。但是，它必须非常努力地实现并维持这一地位。

我的女儿曾经为一款iPhone游戏购买了价值2 000美元的“装备”，所以我知道这是可行的。

• **有价值的成分**。英特尔和杜比虽然不直接向消费者销售产品，但他们的产品是多种设备中非常有价值的零件。英特尔为许多硬件公司提供计算机芯片，杜比为许多音频和视频制造商提供音频压缩和降噪技术。

• **总机**。就像打电话一样，必须通过总机才能顺利通话，斯莱沃茨基用这个术语来描述像戴比尔斯这样控制钻石供应的企业。这种商业模式涉及几个挑战：一是实现对供应的控制；二是需要让人们相信这种控制是可取的；三是要保证这种控制不会受到反垄断条例的影响。

• **打印机和碳粉**。这种商业模式涉及销售后需要进行维护的产品。对惠普打印机、Keurig咖啡机、SodaStream汽水机这些产品来说，售出不是一件大事，只是产品生命周期中的一次收入。这也适用于销售软件，然后对升级、服务和支持等业务收费的初创公司，斯莱沃茨基称之为售后模式。

还有一些其他的商业模式也很有吸引力：

• **免费增值模式**。免费增值模式是指企业在一定程度上提供免费服务，但当客户想要更多功能或容量，或者想要删除广告时，他们就必须付费。例如，Evernote允许人们免费在云上存储信息。然而，如果他们想要更多的存储空间和更多的功能，就需要每年支付45美元。

• **眼球**。眼球的商业模式是指提供一个平台来创建或分享吸引观众的内容。其中的商业逻辑是：因为某些品牌会想要获得和平台一样的曝光度，所以公司可以在平台上打广告和拉赞助。脸书和赫芬顿邮报就是这种商业模式的例子。

• **虚拟商品**。想象一下，为那些商品成本和库存持有成本接近于零，类似于虚拟的花、剑和徽章的商品销售数字代码，这就是虚拟商品业务。我的女儿曾经为一款iPhone游戏购买了价值2 000美元的“装备”，所以我知道这是可行的。

• **工匠**。托马斯·莫泽（Thomas Moser）家具是工匠式商业模式的一个例子。这是一种把质量和工艺放在首位的初创公司。它可能永远不会做大——哪怕有像Etsy这样的市场，你可能都不会了解到它，但它就是专门领域里的珠穆朗玛峰。

你会不断调整你的商业模式。事实上，如果在整个过程中你不改变你的模式或者做一些重大调整，这是很可怕的。希望以下这些方法能在此过程中帮助到你：

• **瞄准特定的利基市场**。客户群体描述得越准确越好。许多企业家害怕去关注一个过于狭隘具体的点，因为那不会带来世界级的主导地位。殊不知大多数成功的公司一开始都是只瞄准一两个市场，随后再通过进入其他市场来扩大规模（这是很出人意料的）。

• **保持简单**。如果你不能用十个以内的词来描述你的商业模式，你就没有商业模式。商业用语并不构成商业模式，在阐述时，应该避免使用那些时髦的商业术语（如战略的、关键任务的、世界级的、协同的、先行者的、可扩展的、企业级的等）[1]。例如，eBay的商业模式是收取挂牌费和佣金。

- **复制他人的模式**。商业由来已久，所以到目前为止，人们几乎已经发明出了所有可能的商业模式。因此，你可以在技术、营销和分销方面进行创新，但尝试提出一种新的商业模式可不是一件好事。应当试着将你的商业模式与那些已经成功并被大众熟知的模式联系起来。毕竟，你还有很多其他的仗要打呢。

- **扩张**。对初创公司来说，制造一个更大的蛋糕而不是过度攫取同一个蛋糕的商业模式更有效，因为客户期待新潮的产品，不会对一味模仿和同质化的初创公司产生很大的兴趣。

> **练习**
>
> 步骤1：计算每月运营公司的成本。
> 步骤2：计算每套产品的毛利润。
> 步骤3：将步骤1的结果除以步骤2的结果。

1.7 编织一张网（里程碑、假设、检验、任务）

根据《美国传统英语词典》（*American Heritage Dictionary of the English Language*）的定义，网（mat）是“放置在爆炸现场防止碎片散落的用绳索或钢丝绳编织的重型网”。“一致性”是创业的必要条件，因为创业者需要同时做很多事情。为了掌控全局，你需要编织一张网，它代表里程碑（milestones）、假设（assumptions）、检验（tests）和任务（tasks）。[2]

1. 里程碑

对每一个初创公司来说，实现各种目标是必不可少的。但有些目标比其他的更重要，因为它们的实现标志着在成功的道路上取得了重大进展。以下是五

1 受 Michael Shermer 的启发，《为什么人们相信奇怪的事情》（纽约：A.W.H. Freeman, 2002），49.

2 受 Rita Gunther McGrath 和 Ian C. MacMillan 的启发，“发现驱动的计划”，哈佛商业评论（1995 年 7 月—8 月）

个最重要的里程碑：

- 有用的产品原型。
- 初始资本。
- 可现场测试的产品版本。
- 付费客户。
- 现金流盈亏平衡。

当然，还有很多其他因素会影响公司生存，但没有一个比这些里程碑更重要。它们的节奏会决定其他所有工作的节奏，所以你应该把 80% 的精力花在它们身上。

2．假设

你可能对生意做出的主要典型假设如下：

- 市场规模。
- 毛利润。
- 单个销售人员能接触的客户。
- 客户获取成本。
- 潜在客户到客户的转化率。
- 销售周期长度。
- 客户的投资回报。
- 单位出货所需技术支持。
- 应收应付款项的支付周期。

在创业早期阶段，讨论和记录这些假设是很重要的，它们是对初创企业生存能力的真实检验。例如，初创公司假设销售周期为四周，结果最后花了一年，这就会导致现金流问题。

3．检验

你可以提出一系列可靠的假设，但没进行检验之前，一切都只是理论。

- 如何降低客户获取成本，持续盈利经营？

- 人们会使用你的产品吗?
- 你能负担得起这个产品吗?
- 产品能支持实际使用吗?

4. 任务

要达到里程碑和检验假设的目的还需要完成一些必要任务，和这两个目标无关的活动可以暂缓。这些必要的任务包括：

- 招聘员工。
- 寻找供应商。
- 建立会计和工资体系。
- 法律文件归档。

任务清单就是要让你理解并领悟初创公司必须完成的全部任务，并防止重要的事项从最初且通常是愉快的日子里溜走。

一旦你织成了这张网，接下来就应该与整个公司沟通、修订、实施并监控结果。公司有很多事情需要做，而这张网却不会再提及。它不是一个需要再创造的东西，而是一份需要付诸实践并修改的文件的缩影。

1.8 保持事情简洁

在创业的过程中，你会面临数百个决定，而人们往往会忍不住去优化每一个决定，甚至有时会开辟新的途径。但是，你最好把精力和注意力集中在里程碑问题上。对其他事情，你只需坚持你编织的网络并随主流趋势前进，保持事情的简洁就行。虽然我的经验和专长都来自美国的公司，但以下都是创业实践中普遍接受的事实。

在美国，如果你的目标是创建下一个谷歌，
那么你应该成立一个特拉华州C公司。

1．公司结构

每个国家都有不同的商业实体，如合伙企业、有限责任公司和合作社。你的公司结构需要具有三个特性：一是让投资者熟悉（哪怕投资者不满意）；二是能向其他公司或者在公共证券市场售出；三是有能力为员工提供经济激励。

在美国，如果你的目标是创建下一个谷歌，那么你应该成立一个特拉华州C公司。这是一个独立的纳税实体，可以接受外部投资，并能够发行多种类型的股票。所有者对债务不承担个人责任，损失也不会转嫁给所有者。

如果你的目标只是创建一家小型企业且不寻求风险投资，也不想上市，那么可以考虑S型股份有限公司、有限责任公司或独资企业。

2．知识产权

初创公司应该明确拥有或明确授权其知识产权。这意味着不会存在前雇主提起诉讼的风险，也不会存在你的知识产权侵犯他人专利的指控。此外，知识产权和授权应该属于初创公司，而不是创始人。这是因为你绝对不想看到一个心怀不满的创始人带着知识产权离开公司，使公司陷入困境。

3．资本结构

资本结构是指初创公司的所有权。这里有四个预警信号，它们经常在“如果早知道就好了”这类事例中被提及。

- 少数创始人拥有初创公司的绝大多数股份，他们不愿意让其他员工分占公司所有权。
- 公司由一小部分不想稀释所有者权益的投资者控制。
- 许多小投资者的存在使管理股东成为一项繁重而缓慢的任务。
- 前几轮融资定价过高会导致新投资者对公司失去兴趣。

4. 雇员背景

值得关注的点包括结为夫妻或存在亲戚关系的高管们、有朋友在高层任职但无法胜任该职位以及有犯罪前科的高级雇员。若存在以上几点，那么可能表明这家初创公司并非任人唯贤。

5. 合乎法规

这里指的是与法律法规有关的问题——不交税和招揽不合格的投资者。通常情况下，与法规有关的那些无能的和不正确的管理方式都是不可接受的，且会阻碍公司发展。

目前，专家们已经就这五个主题分别写了书，因此，请不要仅仅只根据我对这些复杂问题的片面之词来做决定。在这些领域，你只需要明白：当你不知道该做什么的时候，就去找相关领域的专家，去寻求他们的帮助，他们知道该怎么做。

1.9 做令人尴尬的事

如果你的产品的第一个版本没有让你觉得尴尬，那你就开始得太晚了。

——雷德·霍夫曼

当我回过头去读我写的第一本书——《麦金塔方式》时，我对它的粗鄙感到厌恶。当我想起第一台麦金塔（Macintosh）计算机的时候，我感到失望，因为它没有足够的软件、运行内存或存储空间，而且速度很慢。当你回顾你的产品的第一个版本时，你可能也会觉得失望。

没关系。每个人都会遇到这种情况，产品的第一个版本总是有缺陷的。但你们应当明白，对产品而言，如何推动其进化发展和如何开始它一样重要。那些因最终找到了正确的产品和商业模式而屹立的初创公司是幸运的。如果你的公司也是这样，就给自己放个假吧。

附录　如何区分竞争者和伪装者

从前，有两个工程学博士，他们只会写代码，对如何创办公司一无所知。因此，他们渴望资金的同时也期待着来自成熟的有经验者的监督，以至于当一个有经验的商人对他们的项目表示感兴趣，并提出乐意帮助他们筹集资金时，用他们自己的话说，他们“像狗一样跟着他”。

然而，这个商人其实对科技创业知之甚少，导致他们在法律和金融事务上犯了很多错误。在经历了严重的纠纷、承担了巨额法律费用之后，他们终究还是分道扬镳了。

很多经验丰富、成功且精明的企业高管并不了解创业和风险投资的细节。

这是一个很普通的故事，也很容易理解。第一次创业的人都在寻找任何一点积极的反馈、强化和建议，所以当他们察觉到有人似乎对他们的项目感兴趣时，就会变得兴奋。现下，对商业顾问、董事会成员和投资者等形式的“监管模式”的需求远远超过了供给，因此你可能需要和那些生手一起碰碰运气。如果没人愿意和你共舞，那么也许你只能与第一个对你表示兴趣的人合作了。

那些曾自己创办公司或者在公司上市前就在里面工作的人可能会提供很好的建议。相反，那些没有创办过公司或者在公司上市后才加入公司的人可能就不能了。而那些来自大公司且经验丰富、成功精明的企业高管也不一定了解初创企业和风险投资的细节。

例如，你认为一位来自麦肯锡的微软高级副总裁对创办一家公司了解多少？这里有一个企业家指数（entrepreneur’s quotient，EQ）测试专门用以区分竞争者和伪装者。这些问题可以帮助你识别真正优秀的商业顾问、董事会成员和投资者（如果你有权选择投资者的话）。

（1）我们应该成立什么样的公司？假设目标是创建下一个谷歌，那么你的答案应是：C 型公司。

（2）我们应该在哪个州合并？你的答案应是：特拉华州。

（3）我们的投资者必须是合格的投资者吗？你的答案应是：是的。若对方回答“不是”，则会让你感到害怕。

（4）两位创始人是否应该平分公司股份？你的答案应是：不，你应该把 25% 的股份分配给未来的员工，35% 分配给前两轮投资，剩下的 40% 留给创始人自己分配。

（5）我们应该向投资者出售普通股还是优先股？你的答案应是：优先股。

（6）是否包括创始人在内的所有员工都应该持有公司股份？你的答案应是：是的，每个人都应该投资，因为你不想一个创始人在几个月后带着很大一部分的股份离开。

（7）我们应该向咨询顾问支付股票期权吗？你的答案应是：不，股票期权是给长期员工的，不是给短期顾问的。如果你请不起顾问，那就自己做吧。

（8）我们能否向银行贷款来开办公司？假设这是一家科技公司，你的答案应是：不，因为科技企业没有流动资产作为抵押品。

（9）我们应该通过投资银行、经理人或掮客来筹集种子资本吗？你的答案应是：不，因为天使投资人和风险资本投资者认为那些依靠投资银行、经理人或掮客筹款的早期创业者是无能的。

（10）为了吸引投资者，我们需要将五年收入预测做成什么样？你的答案应是：尽管没有投资者会相信这些预测，但收入预测应该和已上市的同级公司一样可观。此外，你应该也不想从那些相信你的预测的投资者手中得到钱，因为他们对创投一窍不通。

（11）我们的商业计划应该是多长时间？你的答案应是：你不应该写商业计划书，你应该去寻找顾客。

（12）你可以推荐能胜任顾问一职的人吗？你的答案应是：当然，虽然我的专业知识很有限，但我可以列出其他可能性的清单。你的答案不应该是：不，你不需要任何人，我知道你需要知道的一切。

（13）你认为我们需要一个真正的 CEO 吗？你的答案应是：也许有那么一天会需要，但可能不是现在，现在真正需要的是一个出色的产品。

（14）我们应该用猎头来招聘吗？你的答案应是：不，在这个阶段，你没有钱，也负担不起猎头的费用。

（15）当投资者要求我们对公司估值时，我们应该告诉他们什么？你的答案应是：找到三四个投资者认为合理的东西，然后利用更多的市场牵引力来推高它。错误的答案是："高定价再协商降价"或者"低定价再协商提价"。

（16）你认为我们业务的关键绩效指标（KPI）是什么？你的答案应是：取决于你所在的行业和业务类型。而不是：什么是 KPI？

（17）如何建立口碑？你的答案应是：做一些伟大的事情，并利用社交媒体。

（18）我们应该有多少广告预算？你的答案应是：零美元——用社交媒体替代广告。

重申一遍，虽然这些问题是面向有着雄心壮志的美国公司，但它们也同样适用于其他情况。如果有人无法回答以上大部分的问题却想要给你建议，请赶紧逃离他吧。

常见问题解答

Q：我承认，我很害怕，而且我不敢辞去目前的工作。这是不是意味着我不具备成功的条件？

A：这说明不了什么。你应该感到害怕。如果你不害怕，才真的有问题。你的恐惧不代表你不具备成功的条件。一开始，每个企业家都会害怕，只是有些人在这件事上选择自欺欺人，而有些人却没有。

你可以通过以下两种方法克服这些恐惧。第一，"神风队式"的方法是全身心投入到公司的业务上，每天都努力取得一点进步。总有一天，你将不再害怕，或者至少你把恐惧转移到了新的事情上。

第二，你可以先在晚上、周末和假期开发你的产品。尽你所能取得进步，试着证明你的想法，然后迈出一大步。问问你自己最糟糕的事情是什么，相对来说，现状可能还不算太糟。

Q：除了我的狗，我应该和别人分享我的秘密吗？

A：唯一比偏执型企业家更糟糕的是一个和他的狗说话的偏执型企业家。通过与人们讨论你的想法，你所能获得的反馈、人脉、销售机会将比失去的东西要多得多。

另外，如果讨论会使你的想法站不住脚，那么这表明你一开始就没有什么想法。拥有想法很容易，但实施很难。我的假设是：一个企业家越坚持隐藏自己的想法，这个想法就越不可行。我在硅谷那些初创公司工作的几十年里，从来没有听说过一家公司窃取了什么想法并将其付诸实践。

Q：开始与别人讨论我在做什么之前，我应做到什么程度？

A：马上开始。通过与别人交流，你将不断反复琢磨你的想法——这既是隐藏任务也是现实任务。你和越多的人交流，你的思想就会越丰富。如果你只盯着你的肚脐，所能看到的只有一堆皱纹。

Q：我觉得我有个好想法，但我没有商业背景，我现在该怎么办？

A：如果你所做的只是提出一个好想法。例如，“一个快速、优雅、无漏洞的新计算机操作系统”，但你不能实现它，那就意味着你什么都没有。这就是为什么你需要一个共同创始人——在你说服别人相信你的想法之前，你可能是个疯子。

Q：我什么时候应该让自己看起来像一个真正的企业家，拥有名片、信笺和办公室？

A：你的排序错了。你应该担心的是有用的产品原型。一家真正企业的标志是有可售卖的东西，而不是名片和信笺。

Q：创办一家公司，我需要有MBA学位吗？

A：不一定——虽然我有 MBA 学位。当你要满足某雇主的期望时，你可能需要 MBA 学位。但如果是初创公司，你自己就是雇主。花两年的时间在实战中将对手踢出去要比掌握工商管理学要好。

推荐阅读

Berger, Warren. *A More Beautiful Question: The Power of Inquiry to Spark Breakthrough Ideas*. New York: Bloomsbury, 2014.

Hargadon, Andrew. *How Breakthroughs Happen: The Surprising Truth about How Companies Innovate.* Boston: Harvard Business School Press, 2003.

Livingston, Jessica. *Founders at Work: Stories of Startups' Early Days*. Berkeley: Apress, 2008.

May, Matthew. *In Pursuit of Elegance: Why the Best Ideas Have Something Missing*. New York: Crown Business, 2009.

Shekerjian, Denise. *Uncommon Genius: How Great Ideas Are Born*. New York: Penguin Books, 1990.

Slywotzky, Adrian. *The Art of Profitability*. New York： Warner Books, 2002.

Ueland, Brenda. *If You Want to Write*. St. Paul： Graywolf Press, 1987.

Utterback, James M. *Mastering the Dynamics of Innovation: How Companies Can Seize Opportunities in the Face of Technological Change*. Boston: Harvard Business School Press, 1994.

第 2 章

推出产品的策略

强大的品牌一开始并没有做成大品牌的意图。他们专注于建立一个杰出的、有利可图的产品或服务，以及一个能够维持其运作的组织。

——斯科特·巴蒂布瑞（Scott Bedbury）

推出一款产品是令人兴奋的，但生孩子或领养孩子除外。我对 1984 年推出麦金塔计算机的情景记忆犹新。如果当时你还没有出生，我可以在这里给你讲讲当时的情况。

没有人能通过制订计划获得成功，所以千万不要尝试制订计划——那是大公司玩儿的游戏。也不要等待绝对的完美，够好就行了，因为以后还有时间改进。刚开始你有多优秀并不重要，重要的是你最后有多优秀。本章将介绍如何推出一款产品。

2.1 曲线跳跃

19 世纪末 20 世纪初，采冰业在新英格兰繁荣发展。人们利用马和雪橇在冰冻的湖泊、池塘上切割冰块，如图 2-1 所示。这就是制冰 1.0 时代。

图 2-1 利用马和雪橇在冰冻的湖泊、池塘上切割冰块

30 年后，人们在制冰厂把水冻起来，制冰人用卡车运送冰块。这些企业家不必等到冬天，也不必住在寒冷的城市，就可以随时随地提供冰块。这是制冰 2.0 时代。

又过了 30 年，企业家们发明了冰箱。人们不再从工厂购买冰块，而是拥有了自己的制冰厂——第一台个人冰箱。这是制冰 3.0 时代。

改变未来，创业是最好的。当它完成曲线跳跃时，它就会改变未来。

没有一个采冰者开办制冰厂，也没有一个制冰厂发展成冰箱制造公司。他们根据自己所做的事情来限定自己的业务——从冰冻的池塘里切冰块，集中冷冻水，或者制造冷冻装置，而不是出于做这件事的意义——便利高效。如果意识到了内在意义，他们可能会完成从收割冰块到工厂制冰再到冰箱的曲线跳跃。曲线跳跃的概念对企业家来说是一个极好的模型。改变未来，创业是最好的。当它完成曲线跳跃时，它就会改变未来。

- 从打字机到菊轮打印机、激光打印机，再到3D打印机。
- 从电报到电话、手机，再到智能手机。
- 从盒式录音机到随身听再到iPod播放器。

练习

你的产品提供的是市场上“更好的同质性”产品，还是已经跳跃到了下一个曲线？

____________________________。

战术框架有助于曲线跳跃。为此，我提出了DICEE框架。它回答了一个基本的问题：曲线跳跃产品的质量如何？

• **有深度的**（deep）。客户最开始可能不会喜欢或去了解曲线跳跃产品的特性和功能。他们也不想费力去使用一款功能大到不适合自己的曲线跳跃产品。谷歌就是一家有深度的公司。它提供搜索、广告、操作系统、数字商店、社交媒体、分析、应用程序、计算机、平板、手机、送货上门、云存储、主机、互联网接入、地图导航和自动驾驶汽车等服务。只使用谷歌的产品就能满足你的所有需求。

• **智能的**（intelligent）。曲线跳跃产品代表这家公司理解消费者的痛苦或问题。例如，福特就为消费者提供了一种智能钥匙（MyKey）。当孩子或司机开车时，父母可以通过智能钥匙限制汽车的最高速度和音响的最大音量。这是一个很智能的产品。

• **完整的**（complete）。曲线跳跃产品不是孤立的新玩意、单纯的在线下载或网络服务。这些产品包括售前和售后支持、分类归档、系统维护和其他补充产品。例如，Kindle Direct Publishing是亚马逊为作者推出的一款“自助出版”平台，几乎涵盖了一个作家需要的所有服务，包括电子图书的发行、按需印刷、录音格式、生产服务和市场支持等。

• **赋能的**（empowering）。曲线跳跃产品能让人们变成更好的自己，因为它们可以提升人的生产力和创造力。不要站在优秀产品的对立面——它们甚至会成为你的一部分。从1983年起，我对麦金塔就有这种感觉——它在写作、演讲和提建议方面给我赋能。可以说，没有麦金塔，就没有现在的我。

• **优雅的**（elegant）。优雅是力量与简洁的完美结合。它要你去发现缺少了什么，而不是拥有了什么。它能穿越喧嚣，直击心灵。创造曲线跳跃产品的公司往往痴迷于设计以及打造用户界面，这些公司将精美的工艺和深深的爱倾注于曲线跳跃产品。

> **练习**
>
> 你是在创造一款有深度、有智慧、完整、有力量且优雅的产品吗？
>
> ______________________。

2.2 选择一个好名字

对初创公司和产品来说，一个好名字就像一部电影一样：很难去定义，但又能通过名字判断它的作用。日本产品的名字就是一个典型的反面例子。如果你的目标是迷惑你的顾客，没有比给你的相机命名为尼康 D4S、Df、D3x、D810、D7000 和 D5100 更好的选择了。下面我将教你如何取一个好名字。

- **检查有无其他用法**。有两个网站可以帮你取名字：美国专利商标局（U.S. Patent and Trademark Office）和网络解决方案WHOIS数据库（Network Solutions WHOIS database）。前者可以帮助你确定你所选择的名字是否已经被使用，后者可以帮助你确定域名是否可用。第三个使用到的网站是推特高级搜索（Twitter Advanced Search），这个网站可以告诉你是否可以作为推特用户昵称。你也可以在Google+、Pinterest、Instagram和LinkedIn上进行类似的搜索。
- **选择一个可以做动词的名字**。理想状态下，你取的名字可以成为主流用语，并且能够成为常用动词。例如，关于打开搜索引擎，人们会说“用一下谷歌”，而不是说“在网上搜索”。可以用作动词的名字一般都很简短（通常不超过三个音节）。我期待着有一天，人们会说“帆布”一个图形，而不是“设计”一个图形。

> **练习**
>
> 试一下将你所想的名字作为动词时，它在这个句子里是否有意义：“______________________它。”

• **让其他国家的人看一看**。通过在线翻译看看你取的名字在其他国家语言中的含义。如果你已经确定了域名，最好问问社交媒体上的粉丝，这个名字在他们的语言里是否有含义。这种人力资本的使用方式，能让你了解到名字中的俚语意义或负面含义。

• **所选词的首字母要排在字母表前面**。某天，你的公司或产品名称将出现按字母顺序排列的表单上。这种情况发生时，早点出现比晚点出现要好。例如，会议目录中有1 000家参展商，你想出现在什么位置？

• **避免用数字开头的名字或者X和Z开头的名字**。数字作名字可不是个好主意，因为大家不知道该怎么读这些数字。X和Z开头的名字即使在听过之后也很难拼写出来，而且它们在字母表中的位置也比较靠后。

• **选一个耳目一新的名字**。名字的发音不能让人们将其和其他商品联系起来，如克拉瑞（Clarins）、克拉瑞汀（Claritin）和克拉瑞亚（Claria）。哪个名字指的是网络营销，而不是指化妆品和抗生素？即使你真的记得它们的名字，也可能会把这三个词和一个产品类别联系起来。

• **避免多单词的名字，除非第一个单词能用作动词，或者首字母缩写能双关**。例如，谷歌技术公司（Google Technology Corporation）就可以。夏威夷群岛传道会（Hawaiian Islands Ministries）是一个训练牧师和主教的准教会组织，首字母缩写是“他”（HIM）——这是“赞美诗”（hymn）的一个巧妙谐音，也是对“他”（him）的一种恶搞——也就是“上帝”（God）。

• **第一个字母要大写**。给合资公司起名时，我犯了个错误，起成了garage.com。小写字母g在一堆文字中一点都不醒目。要判断一个词是不是专有名词的视觉提示不是看首字母是否大写——那可能只有叫guy的人才能判断吧。

2.3 别担心，平常心

创立一家公司的第一步并不是要用Word、PowerPoint或Excel——会有时间使用这些应用程序的，但不是现在。相反，你的下一步是建立你的产品原型，并把它带给客户。我把这个叫作“别担心，平常心”——灵感来自鲍比·麦克菲林（Bobby McFerrin）的歌曲“别担心，开心点”。《精益创业》（*The Lean Startup*）一书的作者埃里克·莱斯（Eric Ries）将其称为最小可行产品（MVP）。莱斯这样解释 MVP 的概念：

> 最小可行性产品不一定是你能想象得到的最小产品；这能让你事半功倍地通过创立—评估—学习的反馈循环圈……MVP的目标是打开局面，而不是就此结束。

我想给 MVP 加上两个词并将其转换为 MVVVP：最小可行的、有价值的、有效的产品（minimum viable valuable validating product）。首先，产品是可行的（viable）——它能够通过反馈循环并赚钱，但这还不够；它还需要有价值（valuable）——能够发展曲线跳跃，创造意义并改变世界。让我们胸怀大志吧！

其次，你的产品能够实现创业愿景（validate）。否则，你可能有一个可行的和有价值的产品（这是很好的），但不一定能够实现你的创业蓝图。例如，第一代 iPod 不仅是一个可行的产品（上市早且有利可图）；它也是有价值（首先实现了便携设备购买音乐的合法性和便利性）且有效的（人们想要优雅的设备，而苹果公司超越了只销售计算机和相关配套设备的传统方式）。

请注意：这不是在卖垃圾的许可证。这里有一个很棒的测试：想象你的产品是一辆新车。你会让你的孩子开车吗？如果你没有孩子，那你会让自己的宠物狗坐吗？

2.4　关注接受度而不是扩大规模

创业初期，企业的扩张能力往往会被高估。扩张（如果你还没听说过这个词）是指存在快速、便宜且可重复的流程，这样公司很快就会有数百万个客户，他们能产生数十亿美元的收入。

例如，如果皮埃尔·奥米迪亚（Pierre Omidyar）必须测试出售的每一台二手打印机，eBay 就无法扩大规模。如果马克·贝尼奥夫（Marc Benioff）每次都要打销售电话，Salesforce.com 就无法扩大规模。如果詹姆斯·洪（James Hong）的父母必须检查每一张照片看是不是少儿不宜，Hot or Not 也无法形成规模效应。

我从未见过哪家初创公司因为扩张太慢而倒闭。

创业初期进行大范围扩张测试是错误的——这就是本末倒置。这就好比你正在考虑是否应该再开一家餐厅，因为要在其他地方复刻行政总厨的完美是不太可能的。

在扩大餐厅规模之前，为何不先确保方圆 10 千米内的人都喜欢吃美食呢。也就是说，看看这笔生意是否可行。例如，我之前为其提供过咨询服务的公司 Tutor Universe，它就是通过智能手机提供辅导服务。想象一下，如果是优步（Uber）来提供这个服务呢？

该公司的长期计划是学生可以在平台上询问各种问题，并在 15 分钟内能够得到解答。然而，最开始的时候，每个学科都没有足够的导师。许多初创公司都面临着这样“先有鸡还是先有蛋”的挑战：如果你有足够多的导师，你就会吸引足够多的学生。如果你有足够多的学生，你就会吸引足够多的导师。

当你面对这种挑战时，你会怎么做？答案很简单：作弊！让员工来回答问题，并在菲律宾聘请导师（这里的导师受过高等教育，会说英语，而且很便宜），直到你获得了一定的市场地位。怀疑论者和经验不足的企业家可能会反对："如果你必须雇用员工或聘请导师，是无法扩大规模的，因为他们太贵了。"

这可能是真的，但是无所谓。重要的是你能建立三个关键点：你可以宣传产品；学生愿意安装应用程序；他们愿意为该服务付费。简而言之，你的首要任务是证明人们会使用你的产品。如果他们不愿意，那么你不能扩大规模也没关系；如果他们愿意，你就会想办法扩大规模。我从未见过哪家初创公司因为规模扩张太慢而倒闭，但我见过成百上千的初创公司因为人们拒绝接受他们的产品而倒闭。

2.5 找准定位

请允许我自我介绍一下。我叫怀尔·郊狼（Wile E. Coyote），一个天才。我既不是来卖东西的，也不是在勤工俭学。

所以让我们来看看现在的情况：你是一只兔子，并且即将成为我的晚餐。

现在，别想逃跑！我比你更壮、更狡猾、更快、更强，而且我还是个天才。为什么这么说呢？因为幼儿园的入学考试你都很难通过。

——操作员：兔子

大多数人认为找准定位是一种不自然的行为，是由营销狂人或高薪而无知的顾问强加给他们的。事实上，找准定位远远超出了市场营销、外部管理或咨询的范畴。如果定位得好，它可以展示一个新公司的核心和灵魂。

- 创始人为什么创立这个公司？
- 为什么顾客要光顾它？
- 为什么优秀的人要在这里工作？

怀尔·郊狼比大多数企业家更了解他的定位：他是一只郊狼，以兔子为晚餐。

初创公司应该通过一个简单的问题来明确自己的定位：你是做什么的？

为了给问题找到一个合适的答案，你需要抓住初创公司的特点，将它与竞争对手区分开来，然后你必须把这个信息传达给市场。

• **获得一个区别性定位信息**。尽管创造和传达一个信息是很困难的，但许多初创公司会犯错误。由于担心被自动分类，他们试图创建多个区别性信息去占领整个市场。“我们的计算机既为500强企业管理信息系统部门提供服务，也为普通消费者提供服务。”沃尔沃（Volvos）既安全又性感。丰田（Toyota）既经济又豪华。选择一条区别性信息，至少保持六个月不改变，看看会发生什么。

你是否用了与竞争对手相反的方式来描述你的产品？

• **避免使用行话**。如果你的品牌使用了大量的行话，那么很有可能大多数人不会理解你的品牌，你的品牌不会存活太久。例如，bestMP3decoder的提出是因为该品牌认为，在2004年，人们能够理解MP3和decoder的意思。但当MP3不再是标准的编码格式时会发生什么呢？

• **进行反向测试**。大多数公司使用相同的词来描述他们的产品。就好像他们都相信顾客从来没有听说过一种产品被描述为“高质量”“坚固”“易于使用”“快速”“安全”。要明白我的意思，就进行一下反向测试：你是否用与你的竞争对手相反的方式描述你的产品？如果你的确这样做了，那你的定位就是鹤立鸡群；如果没有，那你的定位就毫无作用。

• **传播这个定位信息**。营销部门通常认为，一旦他们发布了新闻稿或投放了广告，整个世界都会理解自己的定位。如果你已经精心制作了你认为很完美的品牌信息，首先得让公司内部都了解它，大到董事会成员，小到前台人员，要确保公司内的每个人都了解品牌定位。

• **定位信息检测**。你知道自己发出了什么信息，却不知道别人收到了何种信息。对此，有一个解决方法：让他们回复你发送的信息，这样你就可以了解他们是如何理解的。最后，与其说你说了什么，不如说人们听到了什么。

• **关注社交媒体，而不是打广告**。许多公司浪费数百万美元试图创立一个有广告的品牌。如今，品牌建立在人们在社交媒体上对他们的评价之上，而不是公司自己对自己的评价。

• **顺其自然**。虽然你不应该让市场定位你，但事实是，最终你也不能掌控你的定位。你尽最大努力精心设计一个好的定位信息，并传达给你的员工、客户和合作伙伴。但随后，市场会做一件奇怪的、强大的、有时令人沮丧但常常很美妙的事情：它会自己做决定。发生这种情况是因为非预期的客户已无意中使用了你的产品。例如，妈妈们买了雅芳（Avon）的Skin So Soft乳液作为孩子的驱虫剂，雅芳现在也以此为卖点。

当这种情况发生在你身上时，不要惊慌，要听听市场在告诉你什么。也许它帮了你一个忙，为你找到了一个自然的定位。这是你能接受的吗？最后，与其相信不可信的东西，不如顺其自然。

练习

第一步：用一段话描述顾客使用产品时的体验。

第二步：给顾客打电话，让她写一段关于使用你的产品时的描述。

第三步：比较两种描述。

2.6 跨越鸿沟

在《跨越鸿沟》一书中，杰弗里·摩尔（Geoffrey Moore）提出在接纳新产品的周期中，消费心态分为五个阶段：创新者（Innovators）、早期采用者（Early Adopters）、早期多数采用者（Early Majority）、晚期多数采用者（Late Majority）和落伍者（Laggards），如图 2-2 所示。

• **创新者**。这些风险偏好者喜欢寻找并尝试新产品，所以他们是比任何人都拥有最新和最卓越产品的人。

• **早期采用者**。他们不像创新者那样完全是“奇葩”，但他们有信心能很好地利用新产品。

• **早期多数采用者**。早期大多数成员在看到创新者和早期采用者成功使用产品时会采用该产品。

• **晚期多数采用者**。大多数后期客户不确定他们能否处理新产品。因此，他们要等到一个产品被许多人接受时才采用该产品。

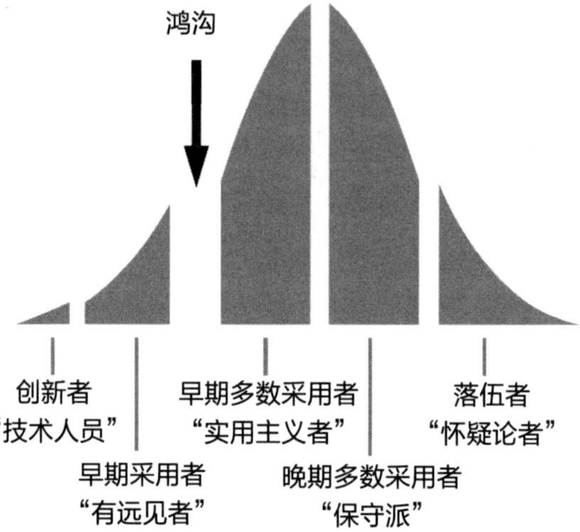

图 2-2 消费心态

• **落伍者**。这些人抵制新产品，经常在别无选择或者产品不再“新”的时候购买。

解释不同阶段的含义是为了将你的营销导向创新者，然后转向早期采用者，再然后是早期多数采用者，接着是晚期多数采用者（“跨越鸿沟”），最终面向落伍者。每个时期的消费者都为下一阶段消费者的引入提供了参考基础。例如，创新者可以说服早期采用者迈出这一步。

没有更好的表达方式了：跨越鸿沟需要拍马屁。因为创新者和早期采用者通常是博客作者、记者和其他领域的“专家”，他们希望你讨好他们。下面教教你怎么拍马屁。

• **诚实**。如果企业家有一个优秀的产品，人们帮助它“出道”就容易多了。人们希望拥有创新、时尚和炫酷的产品。你必须拍的马屁数量和产品质量不一定成正比。

• **获取同情**。谁能抗拒一出感情戏？“请帮助我们……我们只是一个试图成功的小初创公司。”事实上，我会告诉你谁能抵抗这些：那些不值得被拍马屁的笨蛋。求同情的方法通常对我是奏效的。

• **强调互利**。最好的拍马屁方式是互利的。你不仅获得了一些东西，同时也在给予一些东西。或者，如果你不能马上给予他们什么，但你承诺将来会这样做。

• **表达善意**。社会心理学专家罗伯特·恰尔蒂尼（Robert Cialdini）说，如果有人为你做了什么，那你有义务做点什么作为回报。因此，一种策略是你无条件地给别人帮忙，自己在因果表上为以后加一分。

• **不要过于奉承**。你可能认为这是拍马屁最重要的因素，但其实大多数你需要拍马屁的人经常被奉承（不管是不是理所应当）。因此，奉承并不总是有效的。例如，在电子邮件开头使用一句话就足够了：“拜读了你的《创业的艺术》，我受益匪浅。”然后把重点放在这个人应该帮助你的理由上。

2.7　多播种

就在你认为安全的时候，有另一种方法可以跨越鸿沟。埃曼纽尔·罗森（Emanuel Rosen）和伊塔马尔·西蒙森（Itamar Simonson）在他们的书《绝对价值：完美信息时代，是什么影响了消费者》（*Absolute Value: What Really Influences Customers in the Age of (Nearly) Perfect Information*）中对此进行了解释。

他们的想法是，从摩西（Moses）去见上帝时就开始出现的逐渐采纳与涓滴方法在今天不太适用，因为免费的网络信息越来越快、越来越完美。例如，人们可以在产品发布几小时后使用 CNET 和亚马逊等网站进行阅读和评论。

创新者、早期采用者和早期多数采用者可以在发布后几分钟内表达他们的观点——甚至有的在发布前就在透露相关信息。信息不再是从源头往下，而是以免费的形式快速、广泛地分散。例如买书，谁会等着看《纽约时报》的书评再去亚马逊买书呢？

免费、快速、完美的信息可以让营销发生天翻地覆的变化。

• **有影响力的人没那么重要**。很多人都可以对产品做出评价并立刻传播自己的观点。有影响力的人对已经售出的产品仍然很重要，但对激励购买或试用就不一定了。

• **品牌没那么重要**。当信息不完整且传播缓慢时，人们依赖品牌认可度来保证质量。在亚马逊的图书业务中，图书的相关评分和陌生人发布的前几条评论比出版商的名字更重要、更突出。

品质是新的营销方式。

• **过去的认可和忠诚是短暂的**。在一个假想的完美世界里，你以前买过东西的商家未来会继续生产很棒的东西。在现实世界中，这种情况不一定发生。例如，人们可能喜欢脸书的分享功能，但从不使用它的电子邮件。我爱我的麦金塔计算机，但我用的是安卓手机；我不会因为iPhone是苹果公司的产品就使用它。

总之，所有这些都表明企业产品的品质才是新的营销方式。下面我要教你如何在这个世界蓬勃发展。

• **拥抱小人物**。普通互联网用户与有影响力的博客作者和传统记者一样，都有可能让你的产品获得成功。任何支持你事业并想帮助你的人都是你的朋友。以前的无名小卒现在也是一股推动力。

• **放弃控制的幻觉**。全知全能都是假象。你无法知道谁有能力并且会帮助你。你也不能用你的营销和广告来控制人心。所以把你的产品先“抛”出来，然后顺其自然。

• **多播种**。花要种在田野里，而不是花盆里。这是一个数量策略——种子越多，花越多。你永远不知道哪颗种子会变成向日葵。

应该用哪种方法，跨越鸿沟还是完美信息？答案是两者都有。有些消费者是你通过有影响力的金字塔顶端的方法接触到的，有些消费者是你通过爆点接触到的。和其他创业话题一样，没有对错之分——只有什么可行，什么不可行。你只能通过实验找到什么是可行的。

2.8 讲好故事

我看过几十个由著名CEO做的产品介绍，也看过两个无名小卒做的产品介绍，其中大多数都遵循相同的脚本：

> 感谢你的到来。在充分听取客户意见后，我们开发了一款跨越曲线的、革命性的战略创新产品，并且正在申请专利。这种新产品价格还很优惠。
>
> （接下来就是用一堆不好理解的缩写来介绍产品模糊的特性。）
>
> 现在让我们欢迎产品经理比弗·史密斯（Biff Smith），他会教大家如何使用这个产品。我们将在未来某个时候以某个价格发布该产品。今天之所以宣布这一消息，是因为听说我们的竞争对手即将发布一款类似的产品。

这种类型的介绍（即使是更正式的版本）并不起作用，因为它侧重于产品信息本身（甚至连这些信息都没有表述出来）。人们想要的不仅仅是信息，他们对信息了如指掌。他们需要信仰——对你、你的产品、你的成功以及你讲述的故事的信仰。愚公移山靠的就是信仰。

有意义的故事会激发听众对你本人和你的产品的信心。一个好故事的影响力比你让听众去做什么事情要深刻得多。这意味着人们会从你停下的地方继续前进，因为他们有信仰。《超越嗡嗡声：口碑营销的下一代》（*Beyond Buzz: The Next Generate of Word-of-Mouth Marketing*）的作者露易丝·凯利（Lois Kelly）的四个故事可以帮助你激发人们的信仰。

- **个人故事**。不需要史诗级的故事，阐述性的故事就可以了。例如，"我父亲的凯迪拉克开了15万英里[①]没什么大问题"对比"这车能让你用很久"。或者，"我送了儿子一部安卓手机，他告诉我用起来比iPhone还好"对比"安卓手机很好"。再或者，"我女朋友想在网上卖她的Pez自动售货机"对比"我想创

① 1英里=1 609.344米。

造一个完美的市场”。（这是皮埃尔·奥米迪亚用来解释eBay起源的故事。）

• **伟大的抱负**。主人公坚信一定有更好的办法让世界变得更美好。他夜以继日地工作，相信自己会创造一个更棒的、人们都喜欢的小东西。让他惊奇又高兴的是，人们真的喜欢他做出来的东西。例如，苹果联合创始人史蒂夫·沃兹尼亚克想让人人用上计算机成为事实。

• **大卫对战歌利亚**。歌利亚领先一步，拥有庞大的资源和数千战士。大卫不可能战胜巨人歌利亚。但是年轻的大卫拿出了他的新发明——一把弹弓，并取得了成功，尽管大多数人都认为他不可能成功。例如，西南航空公司与其他大型航空公司、Etsy与eBay、Pinterest和脸书的竞争。

• **勇气的表现**。我们的主人公遭受了严重的不公平待遇。尽管有这些不幸，他还是坚持下来并实现了伟大的抱负。当你知道他做了什么时，你的反应是“我不可能像他那样做”。例如，查理·韦德梅尔（Charlie Wedemeyer）是ALS的高中足球教练，奥斯卡·辛德勒（Oskar Schindler）和艾米丽·辛德勒（Emilie Schindler）是二战期间保护犹太人的夫妇。

一个伟大的发布会不仅仅是一个新闻发布数据转储、片面的断言和无聊的推销。它讲述了一个创新、变革和赋权的故事，激发了人们对自己所做事情的信心。

2.9 走出安全、简单的第一步

你可能问了一个很大的问题，因为创新需要改变行为与挑战现状。由于市场这座大山规模很大，让客户接纳新产品的路程可能不会太顺利。这迫使你尽可能地去掉减速带。迈出第一步需要具备以下特征：

• **易于启动**。公司通常会建立一些让生意变得很难做的制度——这几乎就像是他们故意要劝退潜在的客户。最好的例子是验证码（CAPTCHA）屏幕——这是人们在注册网站账户时必须填写的。它们太难写对了，要区分大小写，区分“1”和“I”，还要区分“0”和“O”。我敢肯定，这个技术之所以叫图灵测设，就是因为它要让人向计算机证明自己是个人类。

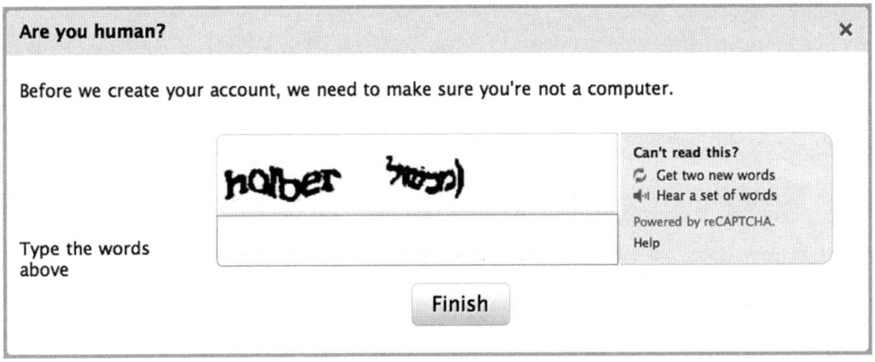

• **易于转化**。理想情况下，采纳你产品的过程是缓慢渐进的，这样过渡就很容易。在科技企业中，这意味着接受竞争对手的数据格式以及行业标准。在非科技企业中，这意味着你的产品将使用相同的插头、包装、优惠券和做法，这样人们能够尽可能少地改变他们的行为习惯。

• **易于使用**。一旦你有了消费者并开始进行转化，下一步就是确保他们可以使用甚至可以掌握你的产品。这需要设计敏感性、防止受挫的同理心以及设身处地为客户着想的能力。这意味着提供一个优美方便的用户界面、清晰准确的文件分类和出色的客户支持。

如果你有一个很棒的产品，进入领域门槛可能是战斗中最困难的部分。

• **易于分享**。企业很难做出引人注目，且用户愿意主动分享的产品。如果你做到了，但是没有一个容易的方式来让人分享，那将是一种耻辱。下次你访问一个网站时，寻找上面写着“点击分享”或“点击发送邮件”的按钮，并实践一下这个功能。添加收藏和分享是你可以使用的两种服务。

一家太阳能电池板公司——Sungevity，提供预算估价的服务就为安全、方便的第一步做了正面例子。虽然与大多数家装公司合作的第一步是预约，但Sungevity会先询问你的地址，然后使用卫星照片来估计你房子的太阳能电池板的大小、功率和成本。

2.10　走出办公室

要是听他父亲的，佛陀可能要一辈子待在宫殿里，但是他走出来了。生活在现实世界中的人们影响着他的宗教观念。如果走出去对佛陀有好处，那么对你也有好处。

例如，在创造了一种 100% 天然不含添加剂的婴儿食品后，Beech-Nut 发布了一则引人注目的声明。Beech-Nut 公司的员工在十户家庭里做了调研，观看妈妈们如何为婴儿制作食物。他们了解到，妈妈们希望自己控制食品的成分，她们不信任制造商。因为这项调研，所以你才能看到 Beech-Nut 的婴儿食品包装上面写着“只有苹果和草莓”，这意味着罐子里除了苹果和草莓什么也没有。

调研员工还看到每个妈妈都给宝宝吃鳄梨，因为这些水果能提供健康脂肪，容易消化。当时，没有公司生产含有鳄梨的婴儿食品。因为 Beech-Nut 的员工走出了办公室，他们在生产线上便增加了两种鳄梨产品。

仅仅运营一个 MVVVP 产品是不够的。当然，你会从实际客户那里了解到它的优势和劣势，但不要局限于在线评论和销售报告，亲自去看看人们是如何使用它们的。

2.11 做最坏的打算

法医通过尸检来找出死亡原因。这样不仅可以破案、预防类似案件，还能满足好奇心。然而，如果人死了，就没有意义了。

企业家和他们的投资者也经常分析一个产品、服务或公司消亡的原因——尤其是别人的公司。还有，就像死人一样，对一个已经消失的产品、服务或公司来说，"尸检"太晚了。这里要引入一个"提前尸检"的概念（提前分析其可能消失的原因），这是由克莱恩协会的首席科学家、《权力的源泉：人们如何做决定》一书的作者加里·克莱恩提出的。

他的想法是让你的团队团结起来，假装你的产品失败了。没错，失败了、毁灭了、崩溃了，或者说白干了。你要求团队给出可能失败的所有原因。然后每个成员必须陈述一个原因，直到大家列出所有原因。下一步就是想办法防止每一个可能的发生。

你不能要求团队报告问题和挑战，因为日常会议会受到思维游戏和共识的制约。例如，不要让你的朋友尴尬，不要通过批评别人让自己看起来像一个糟糕的团队成员，不要树敌。你不能说在这些会议上，每个人都是完全公开和诚实的。

相反，人们不会互相指责，也不会责怪其他群体（无论如何，这是一个正确的行为）。每个人都在编写所有可能的假设清单，对，就是"所有"，因为如果有人想到了一个问题，但又认为这个问题不够重要，没有必要提及，那将是一种损失。

练习

列出至少10个可能导致发行失败的原因。你可以避免多少个？

____

2.12 申请临时专利

在你的产品上市期间，要采取的最后行动是为你的技术、实践和机密提交临时专利申请。专利法对律师来说都很复杂，更不用说对企业家了。所以你需要一个擅长这个领域的律师。刚开始的时候，你可以在美国专利商标局网站（U.S. Patent and Trademark Office website.）上学习。

重点是，美国是注重“先申请”，而不是“先发明”，所以你需要快速行动。一旦申请了临时专利，你有 12 个月的时间来决定你是否要把它提升到更高的层次，从而申请永久专利。完成这个过程可能需要五年时间和一万美元。

如果你获得了一项永久专利，考虑一下这项成就的实际意义。好消息是你的父母会以你为荣。坏消息是专利并不能使你的企业站得住脚，因为你没有时间（好几年）或金钱（几百万美元）去赢得专利诉讼。万一你真的有时间和金钱，那你的成功也会成为辩护的有力帮手，而且还可以聘请律师帮你打赢专利侵犯的诉讼。如果你没有时间和金钱，那申请专利也没什么用。

2.13 孵化（或不孵化）

时机对了，孵化器和加速器会很受欢迎。首先，需要介绍一下这两个术语，孵化器专注于提供办公空间和共享服务，而加速器侧重于指导、培训，并帮助你与客户、合作伙伴和资本源建立联系。

> 在孵化器或加速器中工作与在车库中工作的区别，就好比于离家上大学与在家通勤。

这些服务有很多形式，下面将对它们提供的各种帮助进行解释。

• **种子资本**。为初创公司提供5%～15%的资金，大概是2.5万～12.5万美元。这意味着加速器或孵化器会是外部投资金额最少的。很难说这是好是坏——但你至少应该明白，加速器和孵化器往往能提供很大的帮助。

• **陪伴和互帮互助**。这涉及与其他处于类似发展阶段的企业家的互动——会有同病相怜的感觉。你可以从同伴身上学到很多东西。在孵化器或加速器中工作和在车库中工作的区别，就好比离家上大学和在家通勤。

• **指导和教育**。这是来自项目管理人员以及他们的顾问、朋友和关系网的建议。理想情况下，他们是行业老手和有经验的企业家。你的任务是确保他们有丰富的创业和实践经验，而不仅仅是寻找客户的顾问。许多孵化器中，收获指导的方式都不太正式。例如，定期的比萨之夜。然而，大多数加速器项目都有一个正式的指导和教育过程，这将使你与这些人有更多的接触。

• **业务发展**。把自己介绍给潜在客户、合作伙伴和员工有助于提高你的信誉、产品发展水平和销量。运营孵化器和加速器的人都说他们可以做必要的介绍，但你应该和项目中的其他初创公司核实他们的说法。

• **下一步集资途径**。许多孵化器和加速器会举办演示日，让你接触天使投资人和风险资本家。孵化器或加速器会给你带来知名度，但不一定会带来投资。尽管如此，这比你自己试图获得这些投资者的支持要有效得多。

- **管理任务**。簿记、工资、税收、保险和其他基本任务是痛苦的，但也是必要的。他们会消耗你的时间，你最宝贵的资源。一些孵化器和加速器提供员工和专业知识来帮助你完成这些会分散你核心的职责琐事。你的首要任务是完善你的产品并卖出去。

- **办公空间**。共享办公空间、家具和互联网是大多数孵化器的主要价值，但这些最终不是你成功的关键因素。因此，不要把它们作为加入孵化器的高度优先理由。乒乓球桌和咖啡机很好，但是你可以去体育馆和星巴克。当你还没准备好签一个三年租赁合同的时候，共享办公空间的真正价值在于它给你提供了非常大的灵活性。

一些孵化器和加速器会要求你给他们1%的股份，以补偿他们。那你就应该在跟他们合作的时候好好考虑一下。这可能是你做过的最好的交易，也可能是血淋淋的敲竹杠，不过这都取决于这些服务的价值。

孵化器和加速器对不知道从哪里开始的第一次创业的人来说很有用，但是做出跟他们合作的决定并不是一个简单的事情。你往往只听说这些项目的毕业生是成功的，如“爱彼迎”和“多宝箱”，这些公司会告诉你，孵化是一个重要和有价值的经历。

很难证明参加这些项目会降低你成功的机会。不说别的，从 Y Combinator 或 500 Startups 等知名赋能项目毕业就是质量的代表，创业游戏里的每个人都在寻找相信一家公司的理由。就像大学的出勤率，去哈佛或斯坦福不会降低你成功的机会，许多人用哈佛或斯坦福学位来代表质量。

然而，从孵化器或加速器项目毕业既不是必要的，也不足以让你成功。很多没考上哈佛或者斯坦福的人确实成功了，也有很多哈佛和斯坦福的毕业生没有成功。不参加这些项目可能会增加成功的可能性，但还涉及许多其他因素。最后，相关性不等于因果关系，一个成功的初创公司从一个项目中毕业并不意味着该项目促成了它的成功。

假设你没有参加这些项目，或者你所在的地区没有。在孵化器和加速器如何提供帮助的清单上，没有任何东西是你无法通过其他方式获得的——尽管可能是更难、更慢（也更便宜）的方式。但是替代品确实存在。失败有很多方法，但成功也有很多方法。

附录 A　如何成为一个演示大神

演技就是光着身子站起来，缓慢转圈。

——罗莎琳·拉塞尔（Rosalind Russell）

一年有几次，初创公司的高管会向风险资本家、分析师和记者做一个六分钟的展示来介绍他们的产品。从逻辑上来说，这个事件被称作演示（DEMO）。这还挺有意思的——尤其当你看透了眼前的表演，企业家表现得好像他们不需要风险资本，风险资本家表现得好像他们不需要企业家。

下面就是为需要展示的人（无论在正式场合还是在非正式场合）出的主意。演示是推出产品、筹集资金、销售、赢得媒体和招聘员工的一项基本技能，所以你必须熟练地掌握它。

- **创造一些值得展示的东西**。如果你想成为一个演示大神，首先需要创造一个伟大的产品。演示是很好的公关机会，但要在你准备好的时候使用，而不是在机会出现的时候。如果你的产品普通，又不做产品演示，那么只有你知道它是平平无奇的。如果你做了产品演示，那么全世界都会知道它的平庸。
- **有备无患**。能复制的东西只有一个——设备。在你上台前的晚上，预想一下设备也许会出现问题，所以带上两台，甚至三台计算机、手机、U盘，或者其他任何你需要的东西。

> 如果你的演示很好，他们会找你了解更多信息。如果你的演示很烂，哪怕你得过诺贝尔奖也无济于事。

- **提前组织好**。在演示过程中，千万不要手忙脚乱。例如，在你的硬盘上寻找文件夹和文件。你有几周的时间来准备这六分钟，如果你没有事先安排好一切，现场你可能会手忙脚乱。

• **消除不可控的因素**。你是否应该考虑在演示过程中能否访问互联网？是的，但无论如何要有备选方案。当然，酒店有互联网接入，但是当数百人同时使用会发生什么？最好使用本地服务器来模拟对服务器的互联网访问。你不必展示真实的系统，这毕竟是一个演示。

• **从“震惊和敬畏”开始**。这是我从我的好友彼得·科恩（Peter Cohan）那里偷来的，他写了《伟大的演示：如何创建和执行精彩的软件演示》。他认为，你有大约一分钟的时间来吸引你的观众，所以不要想着循序渐进。开始即高潮——这是你的产品演示能做到的最酷的事情。记住，你的目标是直击观众的眼球。

• **不要开玩笑**。如果你在思考这个笑话是否好笑，那么它就不好笑。一个失败笑话的负面影响比一个成功笑话的正面影响要大得多，会让人失去信心和动力。

• **独自完成**。一个擅长演示的大神会一个人完成工作。你可能认为如果两个联合创始人一起做演示会很有力量，你可能认为这将会向世界展示他们是如何齐心协力做出这样的结果的。然而，一个人做一个演示已经够难了，让两个人做一个交互式演示要困难四倍。

• **不说行话**。说话简洁明了是最好的方法。你可能拥有世界上最伟大的企业软件产品，你梦想中的风险投资公司的消费合作伙伴也是你的观众。如果他不能理解你的演示，他不会在办公室里告诉他的同事。观众所看到的，而不是听到的，才应该给他们留下深刻的印象。

• **在结束之前不要回答任何问题**。在演示中，没有时间提问最好。在所有情况下，你都应该在最后回答问题，因为你永远不知道人们会问你什么，他们的问题可能会让你陷入一个非常深的思维困境，以至于你永远绕不回来。

• **以感叹号结束**。开局氛围拉满。一旦你在开始让他们感到惊艳，那你就回过头来讲讲这个产品的工作原理。不仅要展示它有多么不可思议，还要让观众明白他们这么做的话也能做到。结尾气氛同样拉满，这是史蒂夫·乔布斯演讲的一部分，他的技巧总是超出我们的想象。

我给几百家初创公司都提过这些建议，也有几十万人在网上看过，但是大部分演示还是很糟糕。这是因为人们认为这些建议只适用于那些没有别具一格的专利产品的新手，而且这些人之前没有演讲方面的知识。你可能认为你是这些人中的一员，你错了。你是建议的受众，你也会以艰难的方式学习如何完成一个优秀的演示。

附录B　内部创新的艺术

> 创新通常起源于现有组织之外，部分原因是：成功的公司沉迷于现状和对可能改变现状想法的抵制。
>
> ——内森·罗森伯格（Nathan Rosenberg）

一些有抱负的企业家已经在大公司工作了。像外部企业家一样，他们梦想创新产品。他们也必须经历确定原型、找准定位、推销、引导、招募、资助、合作、销售和支持的过程。这个小章节的目的是告诉你，当你受雇于一家大公司时，如何完成所有的这些事情。

具有讽刺意味的是，许多企业家羡慕大公司的员工——认为这些幸运儿拥有很多金融资源、庞大的销售队伍、设备齐全的实验室、可扩展的工厂和成熟的品牌，还有医疗福利。在艰苦环境里的创业者可能会想，在这么奢侈的环境里创造新产品该多好！

但是，在这样一个成熟的环境里创造新产品是很不容易的，或者说是完全不同的。尼尔分析公司的数据科学主管比尔·米德和我一起写了这个小章节。我们为存在于公司里的创业家提供了一些建议。

> ……如果你不放弃摇钱树，别人会的。

- **将公司放在第一位**。公司内部企业家的主要工作应该是更好地为公司服务。在公司内部创业不是为了吸引注意力、建立一个商业帝国或者找到一种退出公司的方式。当你对一个产品有一个好的想法时，它同时也会吸引你大量的同事。如果你是为了公司，他们会支持你，但如果你是为了个人利益，他们不会支持你。

• **放弃摇钱树**。不要告诉全公司的人，这会树敌的。但你的章程往往是牺牲旧产品来创造新产品，如麦金塔取代了Apple II。如果是竞争对手创造了麦金塔，会不会对苹果公司更好？还是说它从来没有创造出一台麦金塔，一直延续先前的轨迹更好？答案是否定的。这也是把公司放在第一位如此重要的另一个原因：你正在做的事情威胁着现状，因此，它应该看起来符合公司的最佳利益，而不是你的自我。如果你不勇于放弃你的摇钱树，别人会让你放弃。

• **处于雷达之下**。开始创业的人要尽可能多地获得注意力，让别人知道你在做什么，这会让筹资、建立伙伴关系、销售、招聘更容易。然而对公司内部创业者来说，不引人注目才是对的。在产品已经发展到其他人无法忽略，或者公司里的人认为这个产品非常有必要之前，你不要受到太多的关注。在公司里位置越高，知道你要做什么的人就越少。因为你的位置高了，其他人就想保持现状以保护自己的地位。

• **找到自己的教父**。很多公司里都有教父一般的人物。这些人已经完成了自己在公司的任务且不会受到零碎事情的打扰。他们的地位十分稳固，管理层对他们也很尊重。公司内部的创业者应该找一个“教父”给自己提供技术、建议、市场意见方面的支持，甚至他们有时候还能给自己提供保护。

• **独立的空间**。如果你处在公司的中央位置，部门经理一直跟你说这个项目行不通，其他人的目光可能会将你凌迟。“在已成气候的生意面前，新产品的前景看起来总是不太光明。”麦金塔分部在一栋独立大楼里，离苹果总部很远。这样既能远离八卦，又能获得公司的帮助。独立的空间既能让你跟随公司的步伐，又能建立起自己独立的团队。理想的距离在0.15英里到2英里不等。不会远到脱离公司，也不会近到受公司其他人影响。

• **给有抱负的人希望**。内部如果有愤青认为公司太大、太陈旧而不适合创新，那么这样的人是最希望看到创新的。大公司里优秀的员工已经厌倦了忽略、遗忘、顺从。他们可能受到了不好的待遇，但他们还在这个公司里。当你向他们表示要对公司现状进行改变时，他们会给你提供支持和资源。接下来你的目标就是要给他们升值，让他们从一个旁观者变成真正让改变发生的推手。

• **期待技术转型**。公司重构对内部创业者来说是一件好事。不论这种重构是由外部因素（市场变革）还是由内部因素（新的执行官）造成的，技术转型都会给你的努力提供机会。高效内部创业者期待这种转型，并会找准机会将自己的产品公之于众：“看，这就是我在做的事情。”相反，安于现状的人会说：“我看到转型机会了。如果你愿意给我六个月的时间，再派一组分析师，我就能想出新的产品策略。”

• **站在巨人的肩膀上**。在大公司创新的困难是显而易见的，但它也有很多好处。记得利用现有设施让创新变得更轻松。你不仅是在获得资源，同时也是在交朋友，因为这样会使其他员工有很强的参与感。如果你坚持自己单干（极端的例子就是你自己开工厂），那你会树敌的。公司内部的创业团队最不想要的就是内部敌人，毕竟市场上已经有很多敌人了。

• **收集并共享数据**。总有一天会计或律师会注意到你，还会问你做这个项目的原因。如果幸运的话，这种情况一时半会儿还不会发生，但是它迟早会发生的。你可以为那天的到来做准备：首先是收集关于投入和回报的数据，其次是公开这些数据。在大公司里，数据可以应付别人的问题，但是当问题出现时，再去准备数据就来不及了。

• **让副总同意你的创意**。你认为创业开始的第一步是让副总支持你的项目吗？其实不然。这应该是后面的步骤之一。副总会认可你的想法，在了解更多后，会支持你的想法，最后，才会考虑资金的问题。当时机成熟时，你要让副总偶然发现你的新项目。但这和获得开始许可证是不一样的。

• **项目完成后解散团队**。相比于主流工程，公司内部创业的美感在于可以用更少的时间创造出新产品。不幸的是，如果团队很散漫，那以往很有效的团队凝聚力这时候也无法让团队重整旗鼓。如果成员坚持认为只有他们知道如何创新或者当团队产生了一种新的官僚主义时，团队效率还会进一步降低。如果产品很成功，考虑一下解散原团队并将其融入一个更大的公司。在下一次曲线跳跃时再重新组建团队。

• **重启大脑**。很多公司内部的创业者会发现这本书后面所描述的内容跟他们在大公司里所获得的经验、知识是相反的。真相只有一个，那就是在现有公司内部，开始新项目需要适应新的行为模式——这就需要重启你的大脑。

常见问题解答

Q：什么时候可以谈论新产品？

A：这取决于你跟谁谈。如果是跟那些希望你成功的人，那当然是越早越好；如果是跟陌生人，那就等确定了原型再谈；如果是跟有影响力的人，抓住机会，随时准备获取他们的关注。

Q：我们应该准备一个有食物、饮品、音乐的发布会吗？

A: 无聊。发布会的本质是介绍产品，将其送到人们手里，并期待好事发生。没必要准备这些东西。我宁愿花几千美元为一小部分人准备一场优质的盛会，也不会去开一场花里胡哨的派对。

Q：没钱如何发布新产品？

A：四个字——社交媒体。这是目前为止最好的发布方式。

Q：越早发布好还是越晚发布好？

A：当你马上要发布的时候，感觉几周或者几个月会大有不同，但其实这是假象。如果你成功了，日后可能都想不起来是哪一年发布的。如果你没成功，什么时候发布也不重要了。

除非你的发布时间已经迟到且错过了整个市场（就像摩托罗拉错过智能手机业务一样），那稍微迟一点也没关系。施乐帕克研究中心（Xerox PARC）在 20 世纪 70 年代发布了第一代图形用户界面计算机（简称 Alto），苹果公司在 80 年代发布了麦金塔计算机，而微软的发布时间就更晚了。但最终却是微软占领了大部分市场。

鉴于有那种随便什么东西都可以拿来发布还指望其成功的极端例子，当你的产品功能完善、稳定且能展示你是如何完成曲线跳跃的，再发布吧。

还有一点，如果你的经费不足了，那就应该发布产品，起码你要控制一下局势。最终，你可能会成功。

Q：公司内部的创新者需要被授予头衔才能获得认可吗？

A: 头衔可能还真没那么重要。其他人能够通过经验区分谁是真正出力的人。头衔就是竞争的代名词，这么看来，它确实没必要。我甚至想说，副总或者更高的头衔可能还会减弱公司内部对他们的认可度。

Q：如果公司打算采纳你的意见，有什么办法能让自己成为项目经理，或者成为能说得上话的人？

A：这个没有解决办法，而且这个问题已将偏离正题了。你的目标不是建立一个私人领域或者新的官僚主义，而是去创造新的产品。

Q：如果你对公司有很好的建议，但又不足以被采纳，那还可以成为公司内部创业者吗？你的建议会脱颖而出吗？当没有“教父”帮助的时候，你怎么办？

A: 首先，不要把建议放到意见箱里。意见箱是为咖啡店和卫生间准备的。那些说找到“教父”让他带你取得成功的办法也是不可取的。你要么相信自己并为之努力，要么什么都不做。如果你想所有人都支持你，那你还是回小学去吧。正确的都应该是先做出产品原型，然后再去想采纳度的问题。

推荐阅读

Bedbury, Scott. *A New Brand World: Eight Principles for Achieving Brand Leadership in the Twenty-First Century*. New York: Viking, 2002.

Blank, Steve. *The Four Steps to the Epiphany*. Seattle: Amazon Digital Services, 2013.

Moore, Geoffrey. Crossing the Chasm, 3rd ed. New York: HarperCollins Publishers, 2014.

Ries, Eric. *The Lean Startup: How Today's Entrepreneurs Use Continuous Innovation to Create Radically Successful Businesses*. New York: Crown Business, 2011.

Rosen, Emanuel. *Absolute Value: What Really Influences Customers in the Age of (Nearly) Perfect Information*. New York: HarperCollins, 2014.

第3章

领导力的训练

不要被你认为重要的事情驱使，而要被你想做的事情驱使。

——苏尼尔·谢拉穆希（Sunil Thankamushy）

在我年轻的时候，我认为金融、制造、运营和会计是比较困难的事情，因为你必须去学校学习这些课程；而管理、激励和领导别人是简单的，因为你不需要学习这些课程，这些内容很简单，而且你能自然而然地掌握它们。

你一定知道我接下来要告诉你什么了：我大错特错。事实上，简单的事情是金融、制造、运营和会计。它们非常重要，但它们是可以通过学习获得的技能。如果你学不会，你可以雇用一个有经验的人。相反，困难的事情是管理、激励和领导别人。

如果你认为领导就是决定自己想要什么并让员工照着去做，那我对你感到非常遗憾。如果你这样想，现实会狠狠给你上一课，最后连谷歌搜索都找不到你。本章的目标是帮助你成为一个出色的领导者，让你出现在谷歌搜索“领导者”的首页。

3.1 展现乐观

最重要的是，领导心态要好。无论你多么害怕、沮丧，都不能表现出恐惧、不确定或怀疑的情绪。你必须每天都保持乐观。

我不记得史蒂夫·乔布斯有看起来像被打败的时候。

这并不是说你就不用去发现问题和挑战——如果真的这么做了，你将会一无所知，这甚至比悲观情绪更糟糕。然而，我不记得史蒂夫·乔布斯有看起来像被打败的时候。我看到了愤怒、沮丧，甚至咆哮，但从未见他有被击垮的神情。

当你感到悲观和怀疑的时候，请与你的另一半、初创公司以外的同事、董事会成员中的知己讨论你的问题。如果这些人都不行，那请与你的母亲讨论。但不要对员工这样做。他们必须永远相信你所相信的事情。

3.2 建立执行文化

不要祈求安逸的生活，祈祷拥有撑过艰难的力量。

——李小龙

作为公司的领导者，你要对结果负责，而结果是执行文化的产物。 这意味着除非有不可预见的情况，否则每个人都要履行自己的职责。并不是每个人都不能成功做到，但企业的期望是最终要实现目标，而不是错过目标。下面将教你如何建立这种文化。

- **设定与沟通目标**。设定目标和沟通目标这样的简单行为增加了初创公司实现目标的可能性。它让大家达成共识，并为员工需要做什么提供了一个日常指南。它适用于每一项任务，包括确定最后的标准、建立产品原型、赢得早期客户、运输、收集信息、招聘、整理营销材料等。

• **衡量工作进度**。目标只有在衡量工作进度的情况下才会起作用。俗话说：所测即所得。这也意味着你最好先选择正确的目标，否则就可能会做出错误的事情。初创公司应该坚持每周监测工作进度并报告结果。随着你的初创公司逐渐成熟，技术、市场和人员的不确定性下降，可以换成月度汇报。

• **建立单边责任制**。如果需要超过十秒钟的时间来找出谁对实现一个目标负责，那就是出现问题了。优秀的人愿意承担责任，出色的人会主动寻求责任。为了整个公司的利益，你需要建立一套单边责任制度。一个知道自己处于监督之下并会被问责的人有追求成功的强烈动力。

• **成为办法中的一员**。作为领导者，你要么是解决方案的一部分，要么就是问题的一部分。这意味着你要么建立一种执行文化，要么建立一种无纪律、不合常规的乐观文化。你的工作是“做一个成年人”，是树立榜样，同时也要兑现你的承诺。

• **奖励干实事的人**。你在初创公司中奖励的人就是那些履行诺言且达到目标的人。你可以使用期权、金钱、公开表扬、休假或免费午餐等各种形式。重要的是，你奖励的是干实事的人，而不是那些搭便车的人。

• **追踪问题直到解决或不再相关**。我们都喜欢做最新最火的东西。这是人的天性。比起只是修复当前的产品，谁不愿意参与下一个突破性产品的工作呢？不要因为一个项目变得无聊就不再关注它。修复问题对你来说可能是单调乏味的，但对最近购买你产品的客户来说不是这样的。

3.3 选择“红药丸”

这是你最后的机会。一旦做出选择，再无回头之路。吞下蓝药丸，一切结束，醒来继续过自己的日子。吞下红药丸，你继续漫游仙境，我会引你去兔子洞深处。

——《黑客帝国》，1999

在《黑客帝国》中，尼奥选择了红药丸，这让他不得不面对严酷的现实世界。

如果他服用了蓝药丸，他可能会生活在黑客帝国的舒适幻想中。

领导者们面临着同样的选择：现实还是幻想。如果你想成功，就吞下红药丸，去确定兔子洞到底有多深。如果你真的想与现实保持联系，以下是你可以问的十个最重要的问题：

- 我们的首要任务是什么？
- 我们什么时候才能出货？
- 如果我们不出货，资金还能支撑多久？
- 获得一个客户要花多少钱？
- 我们真正全面的运营成本是多少？
- 我们将与谁竞争？
- 什么是我们的竞争对手能做而我们做不到的呢？
- 表现不良的员工是谁？
- 我们可以乞求、借或租赁我们正在购买的商品吗？
- 作为一个领导者，我有多好？

3.4 找到“墨菲斯”

每一种药物，甚至事实，都需要一个传输系统。在《黑客帝国》中，劳伦斯·菲什本扮演的角色就是“墨菲斯”，他说出了真相。但问题是，你们公司中的墨菲斯是谁？

CEO决定“是什么”，而墨菲斯会问：“会出现什么问题？”

如果你身边没有墨菲斯，你就需要去找一个。墨菲斯应该至少有 10 年的经营经验并且具有财务、运营或会计的背景。这个职位需要掌握在现实世界中运营公司的知识。这个角色不是“怀疑者”，而是“现实主义者”。

如果墨菲斯有顾问、审计师、银行家、记者或分析师的背景，这其实还不太妙，因为提供建议和分析很容易，但实施很困难。确定一个人能否胜任，一个最好的问题是“你曾经开除或解雇过某人吗”。如果答案是否定的，请继续寻找。

如果说 CEO 是“阳”，那么墨菲斯就是“阴”。CEO 决定“是什么”，而墨菲斯会问：“会出现什么问题？”他们不是相反的关系，而是一个平衡的关系。在你开发的不同阶段、不同任务中，你可能需要不同的墨菲斯。

- 一个负责研究和开发的墨菲斯告诉你，你所创造的东西是有缺陷的。
- 一个负责运营的墨菲斯告诉你，你的系统无法处理的业务量。
- 一个负责财务的墨菲斯告诉你，你花的钱太多（太少）了。
- 一个负责道德的墨菲斯告诉你，你灌输了错误的价值观。

初创公司里的许多人都在否定某些事情。有些否定是好的。例如，当“专家”说你不可能成功时，否定他们是对的。你需要“墨菲斯”的原因是，确保你能意识到你在否定这种观点，以防这种否定损害公司。

3.5 找到一个“唱反调的人”

从 1587 年到 1983 年，天主教会任命了一些人来反对某一候选人的封圣（圣徒）。唱反调是用来发现候选人的缺点以确保圣人的地位。

在 1978 年教皇约翰·保罗二世当选后，圣徒加冕爆发，之后，这种做法在 1983 年结束。具体来说，教会在约翰·保罗二世统治期间册封了 500 人；而在 20 世纪，约翰·保罗二世的所有前任的统治期间，教会只册封了 98 人。

墨菲斯和唱反调的人不是一回事。墨菲斯告诉你真相——事情是好还是坏；而唱反调的人只告诉你什么是坏的，即使他自己也不相信它。这个制度的存在会带来积极的作用，因为它表明批评是可以接受的，管理部门可以接受相反的观点。此外，一个唱反调的人能促进内部沟通，因为他能与那些对现实失去幻想的员工沟通。

唱反调的人并不需要对每一个决定都做出表态——他只需要对战略决定做

出表态。（为恶魔辩护的人只对教义十分熟悉，而对每一个教会决定却不是十分了解。）

3.6 雇用比自己优秀的员工

史蒂夫·乔布斯说过，一流人才会雇用一流人才甚至是更优秀的人才；二流人才会雇用三流人才；三流人才雇用的是四流人才，这样他们才感觉能驾驭手下人。以此类推，如果你开始雇用二流人才，你的团队就会出现乔布斯所说的“庸才当道”的现象。

> 因此，优秀的员工不仅应该比CEO和管理人员们更优秀，他们还应该与众不同。

我将乔布斯的理念提炼为“一流人才雇用更优秀的人才”（A players hire A+ players）。如果 CEO 必须做一件事，那就是雇用比他更优秀的经理。如果经理必须做一件事，那就是雇用比他更好的员工。为了实现这一点，CEO（和管理人员）必须具备以下三个品质：

- 谦逊地承认他人能比自己发挥更大的作用。
- 具备辨别优秀员工的能力。
- 拥有招募这些“比自己更优秀”的员工的自信。

许多企业家没有意识到这一点，但初创公司需要三种不同的一流人才，这取决于公司发展的不同阶段。

- **开创者：**能高负荷运转的初创员工，如愿意每周工作80小时的员工。
- **实施者：**继初创团队之后能与之共同促进公司发展的员工。
- **操作员：**乐于运行系统的操作员。

因此，优秀的员工不仅要比 CEO 和管理团队更优秀，他们还要与其不同。

初创公司必须拥有具备多种不同技能的员工，这些技能是互补的，而不是重复的。

想象一下，如果你是一名工程师，公司里的工程师都不如你，说明公司的产品质量不行。再想象一下，公司里的 CEO 比销售副经理、营销副经理、财务总监都更优秀，技能更高，这也只能使公司平庸无奇。

> **练习**
>
> 你雇用的每个人是否在他们擅长的领域里比你优秀？

3.7 成就他人

通过苹果公司麦金塔部门这样的例子让你去雇用 A 或 A+ 人才很容易，但是这几乎不算是一家初创公司。我不是放弃强调雇用 A 和 A+ 人才的可取性，而是我意识到一家初创公司未必总能吸引到这样的人。

那该怎么办呢？答案不是要为了招揽可靠的员工去筹措资金。这需要花大量的时间，管理需求比资金需求更迫切，管理并不能催化出资金需求。而是你要雇用 MVP（最小可行性员工）去完成需要他完成的工作。

这个概念跟埃里克·里斯的 MVP（最小可行性产品）的概念相同。如果你一直等，等到完美的产品或完美的人出现，为时已晚。因此，你可以雇用可行性的人，就像改进可行性的产品一样，你也在培养可行性的员工。

想想看：没有人出生就是 A 或 A+ 人才。每个人都是从某个地方开始的，所以自己培养一个吧。仔细想想都有谁以实习生的身份开始了自己的职业生涯。

- 迪克·切尼：国会（好吧，这并不能支撑我的建议）。
- 贝西·约翰逊：《家庭教师》（*Mademoiselle*）。
- 奥普拉·温弗瑞：纳什维尔WLAC-TV电视台。
- 史蒂夫·斯皮尔伯格：环球影城。

并不是每个人都会成为约翰逊、温弗瑞、斯皮尔伯格，或者其他杰出的人，而领导艺术的关键之一是给员工一个机会，让员工变得更好。

3.8 专注优势

雇用比你更优秀人意味着你在雇用有优势的人，这和雇用没有缺点的人还不一样。一个优秀的领导者会因为员工某方面的优势而雇用他们，然后根据他们的优势分配工作。此外，她还会聘请有其他才能的人为员工提供培训和帮助，来弥补员工的短板。这样可以让他们更好地投入工作，而不是隐藏这些弱势得过且过。

最重要的是，要区分个人贡献和管理他人能力这两者的关系。也就是说，你可以雇用一名擅长编程的工程师或一名擅长销售的销售人员，但他们都不擅长管理。你只要不把这样的人放到管理岗位上，就没问题。

人们通常认为，随着时间的推移，员工都会进入管理层，从而会减少个人贡献。这不是一个很好的想法。员工应该保持个人贡献的优势，而一些优秀的个人贡献者可以进入管理层，也应该进入管理层。

3.9 先解决自己的缺点

好的领导者在批评别人之前会先解决自己的缺点。你的缺点可能导致相应的员工的缺点。有一种说法：如果一个经理不得不解雇一个人，也许公司也应该解雇这位经理，因为事情本不应该发展到这种地步。

这意味着你会在检讨时说："我本可以提供更好的管理。"作为经理，采取这种自我批评策略的人会取得进步，因为他们为糟糕的后果负责。同样重要的是，他们为员工树立了良好的榜样，激励员工进步。注意，这个词是"激励"，而不是"吓唬"。

差劲的领导者往往会根据别人的结果来判断自己的意图："我本打算实现自己的目标，但你没有达成自己的目标。"不知何故，原谅自己的缺点比理解别人的缺点容易得多。

你要改变这种想法。以自己的成就来评判自己，以别人的意向来评判别人。这意味着你对自己要比对他人更严厉。但是长远来看，如果员工总是把事情弄得很糟糕，你就不能继续根据他们的意向来判断他们了，这种情况下，你就需要承认你在招聘或培训时的疏忽了。

3.10 不要强迫员工做你自己都不愿意做的事

《行行出状元》（*Dirty Jobs*）是我最喜欢看的电视节目之一。其主持人迈克·罗伊（Mike Rowe）在美国各地做各种肮脏的工作，如倒垃圾、在工厂搅拌油漆、清洁下水道，还有在农场做各种令人讨厌的工作。

己所不欲，勿施于人。

迈克·罗伊阐述了领导力的一个关键概念：永远不要要求别人做你不会做的事情。这种假设的条件是，你不是一个受虐狂。但是在合理的范围内，这样会拉近你和员工之间的距离，减少“我们和他们”的感觉。

练习

完成表3-1。

表3-1

行动	你自己做了吗	你是否要求员工这样做
乘坐夜间航班的经济舱		
回复所有电子邮件		
早到晚走		
倒垃圾		
自己复印		

关键不是你要让每项任务都变得有趣——这是不现实的，也不该由你来承担所有肮脏的工作。关键是要理解员工，与他们并肩作战，这才是领导力。

3.11 庆祝成功

一次成功似乎可以弥补百次失败带来的痛苦，因此阶段性庆祝公司的成功是激励员工的有效方法，特别是当你强调团队的胜利而不是个人的胜利时。

“你怎么像洗发水”（How YOU Are Like Shampoo）的作者布伦达·本斯（Brenda Bence）认为，庆祝成功会有以下积极作用：

- 激励员工更加努力工作。
- 围绕共同目标团结团队。
- 从日常工作到庆祝活动来提升员工士气。
- 交流公司重视的目标。
- 阐述进展，唤起员工动力。
- 提醒他们是在一家成功的公司工作。

关于庆祝活动，有一句劝告：经济形势好的时候，初创公司会和著名的艺人在昂贵的酒店举行盛大的聚会。这种做法其实是浪费钱的，对员工来说不是好事。重要的字眼应该是“有趣”和“冷静”，而不是“奢侈”和“棒极了”。

举个例子，北卡罗来纳州立大学工业推广服务处（Industrial Extension Service of North Carolina State University）为庆祝其成功创造了10亿美元的经济价值，进行了一次全州性的巴士参观制造业公司的活动。每到一个制造业公司，学校都会从制造商那里收集产品样本，并将这些样本交给州负责人。这对北卡罗来纳州的员工来说是一件有趣的事，同时对巴士到访的所有公司的员工来说也是一种奖励。这是关于庆祝活动的一个好例子。

3.12 选择正确的象限

鲍勃·萨顿（Bob Sutton）是斯坦福大学教授，也是《好老板还是坏老板：如何做到最好……从最坏的情况中吸取教训》（*Good Boss, Bad Boss: How to Be the Best ... and Learn from the Worst*）一书的作者。他列举出关于好老板的十二个信念。我们可以将其作为好老板的宣言。

（1）我对为自己工作的感觉还不太明确。

> 我努力让自己足够自信，让别人相信我是负责人，但也要足够谦虚地意识到我自己也会经常犯错。

（2）我的成功以及员工的成功在很大程度上取决于我们是否精通那些显而易见的、平凡的事情，而不是那些标新立异的想法或方法。

（3）有雄心壮志很重要，但一味想太多也没用。我的工作是着眼于那些“小小的成功”，让我的员工每一天都能取得一点点进步！

（4）对我来说，工作中最重要也最困难的事情就是要在专断和民主之间达成微妙的平衡。

（5）我的任务是成为一道屏障，保护我的员工远离外部的侵扰以及那些令他们分心的事物，还要避免他们做出各种蠢事，并避免将自己做的各种蠢事归咎于他们。

（6）我努力让自己足够自信，让别人相信我是负责人，但也要足够谦虚地意识到我自己也会经常犯错。

（7）抱着我在做正确的事的态度去工作；抱着我做错了的态度去倾听——同时也让我的员工这样做。

（8）对我的领导能力以及对我的公司来说，最好的测试题之一是“当员工犯了错误之后会发生什么事？”

（9）对每个团队和公司来说，创新是至关重要的。因此，我的工作是鼓励我的员工尝试各种新想法，同时否决他们想出来的糟糕方案——尽管大多数是理论上的好主意，这是我的工作之一。

（10）负面影响比正面影响更加容易形成。因此，消除负面影响比强调正面影响更重要。

（11）做事方式和做什么一样重要。

（12）因为我掌握着权力，所以我冒着巨大的风险，装得像冷血动物，自己却没有意识到这一点。

表 3-2 中的 3 × 3 矩阵会帮助你找到作为领导者需要的正确象限。

表3-2

	未能胜任的	能胜任的
不冷血	一般理想	最理想
冷血	最不理想	比较理想

练习

你的员工会把你放到哪一个象限？

3.13 改变想法

2007 年 6 月，在第一代 iPhone 发布会上，史蒂夫 · 乔布斯宣布："我们采用基于 Web 2.0 标准的创新方法，让开发人员确保 iPhone 在安全可靠的同时，创建惊为天人的新应用程序。"其本意为"苹果不允许在 iPhone 上安装应用程序。添加功能的唯一方法是通过 Safari（iPhone 自带浏览器）安装插件软件。苹果这样做是为了确保 iPhone'安全可靠'"。

11 个月后，苹果举行新闻发布会，标题为"苹果高管将在 WWDC 2008 年主题演讲上发布 Mac OS X Leopard 和 OS X iPhone 开发平台"。其本意为“苹果现在希望程序员为 iPhone 开发应用程序。期望的结果是‘有一个应用程序可以做到这一点’”。

许多人认为这种反转是一种无能或软弱的表现，改变策略意味着苹果错了，并且不知道自己在做什么。按照这一思路，领导人不应该改变主意，即使改变主意，至少要隐瞒事实。

实际并非如此。领导人公开改变主意，表明他们足够聪明，能够意识到自己犯了错误，有足够的把握承认错误，并且愿意冒着失去声誉的风险去做正确的事。所有的结果都是好的，所以改变你的想法，告诉他们你做了。

不妨这样想：如果你正在经营一家初创公司，不尽早改变主意，还要等到何时？等到规模越来越大，改变只会越来越难。

3.14　告诉员工：我们需要他们

根据《软件人才管理的艺术》（*Managing Humans: Biting and Humorous Tales of a software Engineering Manager*）的作者迈克尔·洛普（Michael Lopp）的说法，在招聘过程中最重要的一句话是“我们需要你”。这意味着你在提醒应聘者，你的初创公司需要他们，他们是最适合这份工作的人。

当大多数人失业时，你可能觉得这是一个买方市场，大可不必这样做。你错了。因为对伟人来说，总是卖方市场。

一旦你决定雇用一个人，施展你的魅力，告诉他你需要他，邀请他到办公室来，让其他员工带他出去喝一杯，并询问他的意见。在招聘过程中最危险的事是，有人跟他的前公司发出辞职通知，但你还没有聘用他。紧接着他会收到一封说服邮件，让他继续留在原来的岗位上。而如果前公司没有这样做，你就要担心你可能雇用了一个不那么优秀的人。

直到他出现在你公司的第一天，你才真正算是雇用了一个新员工，但即使这样，你也不应该放松。想象一下，一个公司从你这里挖走了一个优秀的员工。你什么时候能放弃劝他回心转意？直到她在新公司中工作了 30 天，我才放弃这个想法。

3.15 说话的技巧

最后一个关于领导的技巧是，当你和员工、客户、投资者或合作伙伴谈话时，鼓励你使用以下四个短语。一个领导越优秀，他就会越毫不犹豫地使用这些短语。

- 我不懂。
- 谢谢。
- 做你认为正确的事。
- 这是我的错。

我不能保证那些最有先见之明和最富有的老板曾经说过这些话，也许他们就是例外，与常理不同。但是我也不相信一个人必须冷血才能成功。

附录 如何管理董事会

在部队里跟在童子军里一样，不同的是童子军有成人的监督。

——布莱克·克拉克（Blake Clark）

本小节将介绍管理董事会的艺术。这是一项你需要掌握的技能，因为这关系到公司的生死存亡，或者至少在管理你的初创公司方面有更大的回旋余地。

第一个问题是决定何时需要董事会。如果你接受外部投资，那么你就必须创建一个董事会，因为投资者希望听到你是如何管理公司的。即使他们没有这样想，你也应该在接受别人投资时设立一个委员会，来建立更高的信托标准。

“因为你知道自己在做什么，而且公司是你自己的，所以实际上不需要被监督的概率是不存在的。”

第二个问题是董事会的组成。公司主要投资者需要一个董事会席位，所以你应有所选择。一般来说，董事会需要具有这两种专长的人：懂得公司建设的人和有深厚市场知识的人。下面这些董事会的角色是你需要深思熟虑的。

• **“客户”**。这个人非常了解客户需求。他不一定是客户，但应该了解你的市场客户想要买什么。

• **“天才”**。这个人会对你的开发工作进行实际检验。例如，你的技术是否违背了物理定律？即使你没有一家科技初创公司，问题仍然是一样的——你的任务是否有可行性？

• **“家长”**。“爸爸（或妈妈）”是董事会的镇静剂。他有着丰富的经验和理智，有助于调解问题和解决问题。

• **“墨菲斯”**。这就是前面提到的那种硬汉，他是你的董事会成员。他会告诉你撒谎的时候是什么状态。这个人也可以推进合乎法律和道德的做法。

• **“甜心先生”**。“甜心先生”也就是人脉资源丰富的人，这种人最重要的资产是他在业界的人脉，还有他同意让你的初创公司使用他的人脉资源。

第三个问题是与董事会成员建立良好的工作关系。你应该每月或至少每季度召开一次董事会会议。你可能认为这是在浪费时间，但事实上你需要创造一个有纪律和责任感的氛围。因为你知道自己在做什么，而且公司是你自己的，所以实际上不需要被监督的概率是不存在的。

下面是一些小技巧。

• **节约资源**。少用纸总比多用纸好。把董事会埋没在文件中是一个错误的做法，因为大家都很忙。会计和财务报告大约5页就够了，包括损益表、现金流预测、资产负债表以及成就和问题的清单。

• **节约时间**。董事会会议的理想时间是每个月两到三个小时。要做到这一点，你必须做好准备工作——提前准备好报告，准备好上一次会议的遗留问题，还有一个非社交心态的会议。如果你想进行社交活动，换个时间在网上与别人进行联系。

• **提供有用指标**。会计和财务报告是远远不够的。非财务指标也非常重要，如客户数量、安装数量或网站访问者数量。这些信息在报告中最多只能增加三到四页。

• **提前做简单的事情**。董事会会议是用来讨论战略问题的，不是用来传达报告中包含的实际信息的。在会议上，你不要花太多时间阐述实际问题，而要把时间用在思考未来如何改进上。因此，提前发送报告是很有必要的。但是，不要以为大家都事先阅读了报告，你在会议上仍然需要回顾一下报告内容。

• **提前做好麻烦的事**。在董事会上宣布坏消息是最愚蠢的，除非你想让一群鬣狗把你的肉从骨头上撕下来。有坏消息的话，私下先与每个成员见面或交谈，并解释情况，询问解决问题的方法。

• **提前获得反馈并提出你的想法**。不让董事会对坏消息感到意外的前提是，要在董事会成员做出关键决议之前做好充分准备。如果你要在即将召开的会议上讨论一个重要问题，那么在会议之前就要先和每个成员讨论这个问题。也许你会因为他们的反馈而改变决定。

常见问题解答

Q：如何知道自己是否适合做领导呢？

A：没有人会事先知道这件事。通常是你被赋予领导角色，你为了它成长。暂时不用太担心这件事。要先创造一个最小可行性团队，将其推向市场，完善它，并从中盈利。这是重要的。

Q：为什么史蒂夫·乔布斯能成为如此出色的领导？

A：成语“独一无二”的意思是成为唯一。史蒂夫就是独一无二的。他有一种能力，能创造出人们喜爱的、具有神秘品味的产品。他是个完美主义者，从不向任何人抱怨。这并不意味着为他工作很简单，但我觉得为他工作是一种荣誉。

Q：如果有人不执行安排，该怎么办？我应该开除他吗？

A：事情没那么简单。找出那个人未能执行的真正原因。也许有些问题是他无法控制的。把这些问题分开，并且尽可能地解决。一个很好的经验法则是，给这个人同样的正当程序，就像你希望董事会给你的一样。当正当程序用尽时，要做出决定并采取行动。

Q：如何招募董事会成员？

A：关键是让有经验的人和你一样相信你的梦想。这是一个漫长的过程，可能需要长达六个月的时间。正确的顺序是让他们相信你的梦想，然后加入你的团队，不要本末倒置了。

Q：如何让董事会发挥更大的价值？

A：出乎意料的是，很多企业家都被董事会吓得不敢管理了。给他们分配任务，让他们负责。他们也要你负责。

你能做的最好的事情就是不时地和他们一对一见面，即使手头上没有问题（或关键问题）。通过这种方式，你会得到在董事会会议上得不到的建议，而且征求建议会帮助你建立一种特殊的纽带。

推荐阅读

Adams, Scott. *How to Fail at Almost Everything and Still Win Big: Kind of the Story of My Life*. New York: Portfolio, 2013.

Pink, Daniel. *Drive: The Surprising Truth about What Motivates Us*. New York: Riverhead Books, 2011.

Sutton, Bob. *The No Asshole Rule: Building a Civilized Workplace and Surviving One That Isn't*. New York: Business Plus, 2007.

第 4 章

起步期要步步为营

如果你有足够的能力，可以把目标定高一点。

——霍利·埃弗哈特（Hawley R. Everhart）

比尔·赖彻特（Bill Reichert），车库科技创投的合伙人，他喜欢告诉企业家，晴天时他们躺在游泳池底部时被雷击的可能性比筹集到风投的可能性更大。他确实夸大其词了，实际上筹资比这个概率还要小。

大多数企业家在求生存的阶段就必须去发现商机。幸运的是，创业成本现在很便宜，甚至是免费的。相比过去任何时候，现在创立公司的可能性更高，原因如下：

• 开发工具是公开或免费的。

• 云服务让基础架构很便宜。

• 云端通用应用程序使开发变得更加轻松和快捷。

• 员工可以线上办公，或者你可以雇用自由职业者，因此，创业需要的办公空间更少。

• 拥有最有力且最便宜的营销形式：社交媒体。

这是一个美好的世界！本章解释了如何通过勒紧腰带来度过创业初期资金匮乏的关键时期。

4.1 管理现金流，而不是谋利

在《纽约客》(*The New Yorker*)成立之初，因为办公室很小，办公设备简陋，多萝西・帕克（Dorothy Parker）宁愿在附近的咖啡店里度过一天。有一天，编辑发现她在咖啡店里。

"你为什么不在办公室工作？"哈罗德・罗斯（Harold Ross）问道。

帕克说："上面有人在用铅笔，有点吵。"[1]

企业家几乎可以开展任何业务，特别是如果他们在这个问题上别无选择的话。可引导的商业模式具有以下特点：

- 前期资本要求较低。
- 销售周期短（一个月以内）。
- 付款期限短（一个月以内）。
- 经常性收入。
- 通过社交媒体和品牌进行知名度传播。

管理现金流，而不是谋利。

这些要求指向具有以下特征的产品和目标市场：

- 人们已经知道，或者他们已经意识到自己需要你的产品，所以不需要再去戳中潜在客户的痛点。
- 你的产品具有"自动说服力"。[2]也就是说，一旦人们认识到他们的痛点以及你的产品和服务，他们会说服自己购买你的产品。
- 市场动荡会减小你进入市场的壁垒。互联网就是一个例子。但是，你需

1 Peter Hay, The Book of Business Anecdotes (New York: Wings Books, 1988), 149.

2 Michael Schrage, "Letting Buyers Sell Themselves," MIT Technology Review (October 2003): 17.

要意识到，每次动荡都可能会耗尽能量。因此，在发生这种情况之前，你必须拥有真正的业务。

• 你可以依靠已经拥有大量安装基础的成功产品来降低风险。

规划资金需要管理现金流，而不是去谋利。利益不能长久，不过，要是你资金充足，谋求利润也是可以的。

4.2 依靠云端

直到2010年左右，要从事科技业务，你都需要用一间满是服务器和员工的房间来保持运转。你需要在不同位置放置你的应用程序、网站和数据，这样如果发生意外，这些备份设施就可以马上替补。

从2010年开始，事情发生了翻天覆地的变化，大多数初创公司必须购买的硬件是员工用的笔记本电脑。从那时候起，主机就在云上空间，即在Rackspace和亚马逊网络服务等公司的服务器上，这些公司专门从事托管、电子商务、数据库和通过互联网提供应用服务。

这使得初创公司每月仅花费几千美元就可以购买所需的所有容量，而不是在每台服务器上花费数千美元。总体而言，云端设备提供了巨大的优势，具体如下：

• **可负担性**。当你考虑自己需要购买的基础设施（硬件、软件、员工、冗余）的总成本时，就会发现基于云端的基础设施的即用即付性是毫不费力的，这也是其关键卖点。

• **适应性**。容量和性能需要随时升级，而基于云端的系统可以很好地适应这些需求。理想情况下，需求要多于供给。在过去（2010年之前），扩大容量可能需要几天的时间，但是云端供应商可以自动更改设置从而增加分配的容量。

• **可靠性**。在Rackspace和亚马逊这些提供云计算服务的公司里，有数百人专门负责服务器的稳定。的确，这些公司很显然是网络攻击的目标，但是云端系统最终要比自己组合的系统更可靠。

4.3 拒绝极富经验的团队

经验是人为错误起的名字。

—— 奥斯卡·王尔德（Oscar Wilde）

如果你在招兵买马，最好不要招募知名行业的老手去建立梦之队。要考虑自己的负担能力——去招募缺乏经验的年轻人，他们拥有天赋、精力和好奇心，并且才华横溢。

有时候，幸福的无知赋予人们极大的力量。

雇用没有经验的人可能会减少成功筹集风险投资的可能性，表 4-1 显示了雇用没经验的人有多么方便。

表 4-1

	有经验	没有经验
工资	高，但你的收获往往比不上你支付的工资	低，你的收获大于支付的工资
福利	秘书、四星级酒店、头等舱、豪华轿车和顶级设备	自助服务、汽车旅馆、长途汽车、优步出租车和二手设备
能量级	理想情况下很高	理想情况下可控
知识	不承认自己有不会的事情，要假设他们知道所有的事情	因为有未知领域，所以他们愿意尝试不可能的事情

在这些因素中，最后一个因素是最重要的：无知不仅仅是幸福，更是一种能量。想想斯坦福大学运筹学教授乔治·丹齐格（George Dantzig）博士的传奇故事。在加利福尼亚大学伯克利分校读博士时，他上统计课迟到了，黑板上写着两道题，他以为这是家庭作业。事实上，它们是两个未经证实的统计定理。由于不知道真相，丹齐格把他们带回家解了出来。据丹齐格说，当他向教授询

问一个论文题目时，教授告诉他：“把这两个问题的答案放到一个文件夹里，这将会成为你的论文。”

早在 20 世纪 80 年代，我还不了解推广新操作系统的挑战，所以当苹果给我提供一份工作时，我就欣然接受了。在后麦金塔时代，我知道推广新东西有多难了，我再也不会做这样的尝试了。这是有经验的人的根本问题：我们知道的太多了。

要是我早知道任务很困难，那我就不会去尝试了。

如果丹齐格知道他所谓的家庭作业的难度，他可能也不会去尝试。有时候，幸福的无知会给你带来极大的力量。

练习

根据方框中的内容完成此练习。

在互联网上调查一下这些创业者的背景。

有多少人拥有创办公司的“正确”背景？

创业者	公司名称
比尔·盖茨	微软
迈克尔·戴尔	戴尔
皮埃尔·奥米迪亚	易贝
杨致远	雅虎
安妮塔·罗迪克	美体小铺

4.4 从服务型企业开始

服务业的优势之一是，几周之内就会有现金流。典型例子是一家软件公司，理想的童话故事是这样的：

- 一些程序员聚在一起为利基市场提供服务。他们以顾问的身份运作——

与客户打成一片。他们按小时计费并要求在30天内支付。

• 在提供这项服务的过程中，他们为客户开发了一个软件工具。当客户增加时，他们会继续升级该工具。很快，他们意识到有很多公司可以使用这个工具。

• 他们利用客户的咨询费进一步开发该工具。因为咨询业务已经发展壮大，并提供了稳定的现金基础。

• 他们完成了工具的开发，并试图将其出售给客户之外的群体，这样销售额就开始了。接下来公司会停止咨询，因为咨询的杠杆作用很小。

• 最后公司会上市或者被谷歌收购，早期的员工会去购买特斯拉和酒庄。

童话故事往往不会成真。这个故事的另一个版本就比较冷酷了：

• 有几个人有创立软件公司的想法。他们想超过甲骨文、微软或赛门铁克这些公司。

• 他们开始创建该产品，或许会筹集到风险资本或天使资本，也或许他们会饿死。

• 在人类历史上，发展的周期第一次超过了企业家的预期。此外，客户不愿意从刚开始创业的人那里购买产品。很快，这家初创公司的钱就会花完。

• 为了获得资金，这些人决定进行一些咨询。他们拿着半成品，在大马路上推销。他们将这一行为理想化为非常积极的举措，因为这有助于他们开发客户需要的产品。

• 你看，客户确实需要他们的产品。于是开发人员完善产品并开始销售。销售额开始增长。他们停止咨询，因为咨询没有起到杠杆作用。

• 这家初创公司要么上市，要么被谷歌收购。早期的员工会去购买特斯拉和酒庄。

让客户为你的研发买单，这对一个以产品为基础的公司来说只是缓兵之计。从长远来看，服务业与产品业有着根本的不同。前者只与劳动和计费时长或服务项目有关。后者完全与研发、运输以及服务器数千次下载的成本分摊有关。

4.5 直接向客户销售

许多初创公司试图打造一个多层的分销系统，在这个系统中，他们将产品卖给经销商，经销商将产品卖给用户。我们认为，一个成熟的经销商会带来能干的销售队伍、品牌知名度和稳定的客户群。

不管怎样， 理念是这样的。但它经常行不通，因为大多数经销商希望满足需求，而不是创造需求。他们对帮助你建立市场丝毫不感兴趣，并且只想进入一个成熟的市场。

在考虑建立多层分销系统时，还有三个额外的问题需要考量。

- 多层分销会导致你与客户脱节，而对一个新产品来说，你需要得到最快最真实的市场反馈意见。
- 因为利润空间很小，你需要创造更大的销量，但是作为一家初创公司很难实现大宗销量。
- 需要很长时间说服分销商销售你的产品，还需要更长时间才能将产品配送至客户手中。

出于以上所有原因，你应该开始直接面向客户。当你完善了你的产品并建立了销售网络后，你才可以通过经销商来锦上添花。但是，不要以为经销商可以帮你打造产品，或者给你客户的反馈。

4.6 对标行业巨头

《创业者的圣经：如何用一个伟大的想法实现零元创业》[*The Bootstrapper's Bible: How to Start and Build a Business With a Great Idea and (Almost) No*

Money] 一书的作者塞斯·高汀（Steh Godin）提出了与行业巨头对标的创业技巧。相较于干巴巴地推出自己的产品，还不如利用现有的品牌进行竞争。请仔细思考下面的示例，想想你自己该怎么做。

- 雷克萨斯："和奔驰或宝马一样好，但比他们便宜30%"。
- 西南航空："像开车一样便宜"。
- 七喜："不是可乐的七喜"。
- 阿维斯："我们更努力"（相较于赫兹）。

> 花费了数百万美元和多年的努力建立起自己的品牌，你的竞争对手给了你极大的帮助。

与行业巨头或标准的经营方式对标可以节省大量的营销、公关、促销和广告费用，因此请选择你所在行业的黄金标准，并确定你的产品的区别性特征，例如：

- 成本。
- 易使用。
- 方便。
- 工业设计。
- 可靠性。
- 速度/性能。
- 选择范围。
- 客户服务。
- 地理位置。

花费了数百万美元和多年的努力建立起自己的品牌，你的竞争对手给了你极大的帮助。不过，这其中也有一个陷阱，因为实现与行业巨头对标需要以下三个条件：

- 行业巨头现在到以后都是值得你与其对标的。例如，想象一下，当安然（Enron）是华尔街的宠儿时，将初创公司定位为安然的对手。
- 行业巨头不会采取行动削弱你的优势。例如，如果你把你的计算机定位为比IBM更快的计算机，然后IBM会宣布推出一款速度更快的机型。

• 在确保产品超越竞争对手时，方法要是得当的、可接受的、有意义的。如果没有做到，没有人会在意你的炒作。更糟糕的是，你会失去你的信誉，而信誉很难恢复。

不过，从短期来看，与行业巨头对标是一种有用且便宜的方法，它可以让你解释自己在干什么。

4.7 不拘泥于小事

当企业家们把精力集中在节约细小开支上而没有统揽全局时，创业就会出现问题。创业不是为了拥有自己的办公桌（也不是用风险资本让赫曼米勒成为一家更大的公司）。在这里，我们列出了企业家必须处理的大事、小事。

大事

• 开发MVVP产品。

• 产品销售。

• 提升产品质量。

小事

• 名片和信笺抬头。

• 办公用品。

• 家具。

• 办公设备。

因此，用快速的、足够好的（不一定是完美）的方式来处理这些小事。埃森哲前顾问里克·斯卡林（Rick Sklarin）是这样说的："去一趟开市客就完事了。"然后把你的注意力和资源集中在大事上，因为这才是最重要的。

练习

下次如果有样东西你没了它就活不下去，那等一周，再看看你是否还活着。

4.8 少雇人和业务外包

首席执行官面临着一个由来已久的问题：是把钱留着更糟，还是因为收入不够裁员更糟？

这里要传达的信息是，如果你想开始自力更生，少雇人。

一想到留存资金我就头痛，但裁员更糟糕。人员过剩会引起一系列糟糕的连锁反应，因为处理这一问题不仅仅关系到裁员，还关系到以下事物：

- 长期租赁中的多余空间。
- 多余的家具和计算机。
- 人员变动带来的情感创伤。
- 被裁员工生活上的困难。
- 裁员之后重新招聘不同类型的人（为了公司新的发展）。
- 周而复始地向外界表明公司没有问题。

如果你想开始创业，不要雇用太多人。人员不足带来的问题，可以通过外包服务解决。尽可能将非战略性业务外包出去。将战略性业务（如研发、市场营销、销售）外包出去的风险很大，因为这些是你创业的核心。适合外包的项目包括客户服务、技术支持、会计、设施管理等。

Webvan 就是一个反向操作的典型例子。这是一家在 2001 年互联网风暴中破产的线上杂货零售商店。它曾经和柏克德（Bechtel）工程公司签了 10 亿美元的订单，在 26 个市场建造基础设施。当公司解除其明星首席执行官，也是埃森哲前总裁乔治·沙欣（George Shaheen）的职务时，该公司承诺将在他的余生每年付给他 37.5 万美元，对此我表示非常惊讶。

4.9 注重功能，而不是形式

要明智地花钱，就要关注你所需要的功能，而不是呈现的形式。

例如，一个大公司（形式）并不能满足法务、会计、公关、营销或招聘的相关需求（功能），如表 4-3 所示。

表 4-3

领域	形式	功能
法务	为世界500强服务的事务所，运动赛事的包厢里	了解你的法律责任，保护你的资产，促进交易
会计	前客户在监狱里的六巨头，会议室的胡桃木墙	控制成本，确保财务稳健运行
公关	主修亚洲艺术史的好看的人以及在自己组织的高贵晚会上告诉你演讲很棒的人	创建和宣传有效的定位，与社交媒体建立密切联系
营销	墙上挂满营销奖励以及专门收买媒体的人	了解并接触客户，维护当前客户并吸引未来客户
招聘	在任命拥有私人飞机的上市公司的首席执行官方面享有盛誉	雇用会用期权换取工资的优秀员工

这些服务是创业成本的重要组成部分，以下是在评估服务提供商时做出正确选择的技巧：

• **选择一家专门从事你所需要的工作领域的公司**。例如，你既不应该聘请离婚律师乔先生也不应该聘请华尔街律师事务所的人来预留股份。

• **为关键功能支付更多费用**。例如，投资者可能觉得与那些雇用普通律师和会计的公司打交道更自在。但是有的公司往往忽略了“普通”。

• **检查管理公司业务的人的推荐信**。这些服务提供商能拥有的最有力的推荐就是情愿帮忙的企业家。

• **协商一切**。一切都可以商量：费率、费用、时间安排。即使在形式大好的时候，也不要害怕谈判——这是游戏的一部分。例如，许多公司会推迟付款，直到你追问才会拿到资金。

这种注重功能而不是形式的逻辑几乎适用于创业的每一个要素。例如，网络热潮的一个标志就是赫曼米勒的艾伦椅。这不仅是一件价值 700 美元的办公设备，还能用来衡量这个公司是不是很酷。

图 4-1 所示是一把很棒的椅子，但我不知道 700 美元是否值得。毕竟，椅子的功能也只是支撑屁股。顺便说一句，其中 114 把椅子是在 Webvan 的破产拍卖中售出的。

图 4–1 椅子

常见问题解答

Q：我什么时候能够知道创业已经把我们带到了我们能去的最远的地方？

A：当你的现金流很乐观，并且你确信每一笔增量销售都能产生利润时，你就会知道是时候了。

Q：如果已经获得足够多，我会放弃成长，甚至放弃成功吗？

A：我举不出例子来说明一个公司已经赚够了，相比钱少，钱多的风险确实更大。消极地说，把风险投资当成类固醇：它可能会给你带来短期优势，但随着时间的推移，它可能会杀死你。记住，你应该增加投资者的价值，不管这些钱是来自你还是来自外部投资者。

Q：如果我自己能成功地创办一个公司，我还需要寻找外部投资吗？用老办法做有什么不对？

A：问题的答案都是否定的。外部投资是一种途径但不是唯一的途径。不管资金是如何来的，我们的目标是建立伟大的事业。

Q：如果我们没有几百万美元的风险投资资金，会不会受到重视？

A：这只对那些无关紧要的人来说重要。如果你真的筹集到了这笔钱，那就用它来增加你的信誉，但不要相信它能保证你成功。如果你筹不到这笔钱，也不要着急，埋头苦干，创建伟大事业就行了。

Q：初创公司是否应该避免从家人和朋友、信用卡或房屋净值等途径获得资金？

A：这三种策略都有风险。它们可能会导致破坏人际关系、个人财务问题和失去房子。然而，创业是一门不择手段的艺术。每个人都希望拥有一个庞大且不断增长的市场、完善的技术和无限的资本。在这种情况下，任何人都可以成为企业家。问题是，在条件永远不完美的情况下，你愿意做什么且能做什么。如果创业没有风险，会有更多的人去尝试。

推荐阅读

Godin, Seth. *The Bootstrapper's Bible: How to Start and Build a Business with a Great Idea and (Almost) No Money*. Chicago: Upstart Publishing, 1998.

Hess, Kenneth L. *Bootstrapping: Lessons Learned Building a Successful Company from Scratch*. Carmel, CA: S–Curve Press, 2001.

第5章

融资的策略

在我最近的一次演讲中，听众们的问题都围绕同一个主题：“我该如何与风险投资人取得联系？”“我该给他们多少比例的股权？”没有人问我如何创办一个企业！

——亚瑟·洛克（Arthur Rock）

筹集资金是创业中必须经历的过程。这个过程并不有趣，也并不容易，而且要耗费一定时日。不对外募资可以减少你所需筹措的资金数目，如果你足够幸运，你甚至无须融资。但是，很少有创业者能够完全避免这一过程。在本章中，你将学习到三种募资形式——众筹、天使投资和风险投资，以及如何在这一必经过程中取得成功。

5.1 求助大众（众筹）

筹集资金有多种途径。很久以前，贵族和富人有钱创办企业。如果他们需要筹集额外的资金，他们还有抵押品和可用的人脉关系。

几百年后的现在，风险投资行业使得每年有成千上万创业者仅仅通过幻灯片展示、产品原型和画在餐巾上的草图就能筹得资金。比起风险投资人，天使投资人资助了更多的风险企业，进一步推进了这个过程。

> 风险投资人对你将要出售的东西一无所知，但是当人们参与你的众筹项目时，他们将使用自己的税后收入进行投票，而不是他们手中的养老基金。

2007 年，Indiegogo 成立；两年后，Kickstarter 随之诞生，拉开了众筹的序幕。众筹几乎是最民主、公开、透明的筹资方式。众筹的运作方式如下：

• 你首先要创建一个项目。内容包括制作一个视频、一段项目简介、为参与者设计奖励回报，并在项目进行过程中提供最新进展。

• 与通过出售股票筹集资金不同，你要在接受预售订单的同时给予回报或“甜头”来鼓励人们购买不存在的东西。奖励甜头可以是折扣、纪念品、礼物或一些奇妙的创意，如书中一个角色的命名权或与团队成员一起玩的机会。

• 你可以通过社交媒体和电子邮件宣传众筹项目。传统融资方式的吸引力在于赚钱，而众筹的吸引力在于比其他人先一步拿到很酷的产品，或者得到帮助他人的内在报酬。

• 有了别人的投资，你就可以用他人的资金完成项目。你交付所有的订单后，通过口碑传播，在理想状况下，你会创建一家伟大的公司。

众筹最适用于设备、配件、游戏、工艺品和时尚等消费类商品，以及电影、视频等艺术相关项目，还有就是慈善工作。众筹不太适用于生物技术或软件公司，因为这类项目需要数千万美元的资金，不涉及冲动消费。

据 Kickstarter 称，2013 年，来自 200 多个国家的 300 万人使用其服务，承诺投资 4.8 亿美元，使 19 911 个项目融资成功，这可能是同一年完成的风险投资交易的 6 倍。

下面是几个众筹成功的例子——“成功”的含义是创业者筹集到了资金。

• Pebble watch筹资总额：1 000万美元。

• ElevationDock筹资总额：140万美元。

• 《美眉校探》（*Veronica Mars*）电影筹资总额：570万美元。

这些都是典型案例。众筹对 5 万到 25 万美元的资金需求是有效的，而对风险投资公司来说，这一额度往往过低，另外，并非每个项目都能像上述案例那样筹集到数百万美元，但众筹仍旧有很多好处。

• 这一过程不像筹集风险投资那样繁复，风险投资通常是一项为期6个月的全职工作。例如，你不必写商业计划书，也无须全职调查。

• 公司的股权不会被稀释。人们是在进行预购或出资，而不是投资并获得股权。不出售股权的一大优势在于，你不必向投资者报告，尽管你仍然有道德义务去交付项目。

• 众筹是检验可行性的一种好方式。风险投资人对你将要出售的东西一无所知，但是当人们参与你的众筹项目时，他们将使用自己的税后收入进行投票，而不是他们手中的养老基金。

以下是众筹成功的关键技巧。Kickstarter 的《项目发起人手册》（*Creator Handbook*）的延伸阅读部分以及 Indiegogo 网站上都介绍了更多的实用技巧。

• **制作一个视频**。一个令人着迷的、吸引人的、充满活力且时长在两分钟以内的视频是你的项目最重要的组成部分。你需要把视频做得十分精彩，因为它将决定你项目的成与败。

• **讲述一个个人故事**。你的视频、电子邮件和社交媒体文章都应讲一个故事。最好的故事便是个人的经历。例如，你是如何由于需求未被满足而承担该项目的，如设计一个更好的方法来修补漏气的自行车轮胎（请参阅Indiegogo上的patchnride项目）。

• **使用电子邮件和社交媒体**。除非你是阿里安娜·赫芬顿（Arianna Huffington），能上《艾伦秀》（*The Ellen DeGeneres Show*），否则，为了项目成功，你需要发起一场游击营销活动。这就是使用电子邮件联系人列表和社交媒体账户来进行宣传。

• **合理给予奖励**。项目的第二个最重要的组成部分是你提供的奖励、纪念品或“甜头”。效果最明显的是折扣、致谢、签名产品和实物礼物，如手提包或T恤。你可以通过亲自交付或亲自安装来提高优势。再次声明，因为是你要求人们为不存在的东西买单，所以需要补偿他们所承担的风险。

• **公示预算**。说服潜在支持者的一个有效方法是提供预算，说明你将如何使用他们的钱。这会树立他们的信心，因为这表明你知道你在做什么，你很有可能完成项目并推出产品。

5.2 天使投资

第二个资金来源是天使投资人，即成千上万向初创公司投资的富人。风险投资人想赚钱，如果赚到了的话，再回报社会；而天使投资人则想先回报社会，其次才是赚钱。

天使投资人有两种回报社会的方式：帮助年轻人（或比他们年轻的人）创业；帮助有意义的产品进入市场。以下是获得天使投资的关键点。

- **不要低估他们**。与专业投资者相比，天使投资人可能不太关心财务回报，但这并不意味着他们是傻瓜。你应该像对待顶级风险投资人那样，以同样的专业水平对待他们。
- **使他们能够间接感受你的体验**。许多天使投资人寻求的附加好处是重温他们的青春或过去的创业经历。即使他们不能或不想再次创业，他们也会喜欢看你这样做——我们称之为“偷窥狂资本（voyeur capital）”。
- **让其配偶也了解你的故事**。天使投资人的“投资委员会”是他或她的配偶，而不是一群同行、合伙人或专家。这就表明，用简单的语言让别人明白你的业务十分重要。可以做个测试：问问你的丈夫或妻子是否愿意投资你的企业。
- **友善待人**。因为钱只是钱而已，所以风险投资人可能会给混蛋投资。但许多天使投资者却会“爱上”创业者，会像父母一样对待他们：“她是个好孩子，我想推她一把。”所以，做一个平易近人、迷人且具有可塑性的人吧。
- **与他们认识或听说过的人签约**。对天使投资而言，社交和盈利往往同样重要。因此，如果你能吸引团体中的一员，你通常可以结识更多人脉。对天使投资人来说，另一位他们认识或听说过的天使投资人也进行了投资是项目质量的最佳代言人。

5.3 向风险投资人施压

事实上，初创公司在种子轮和A轮融到的资金数额与他们的成功率呈负相关。

——弗雷德·威尔逊（Fred Wilson）

我想让你明白你现在正在做的事：筹集风险资本是一个漫长的、令人烦心和沮丧的过程，这还是最顺利的情况。跟你讲个关于风险投资人的故事吧，这是我最喜欢的，也是最能说明问题的故事。

女士，你把钥匙带走了。我们没法移动你的车。

一位风险投资人带父亲去一家提供泊车服务的豪华餐厅吃饭。在去餐厅的路上，父亲斥责她为买这辆时髦的宝马车花了太多钱。她把车停在餐厅门前，两人就进去用餐了。

几个小时后他们从餐厅出来，看到车还在她之前停的地方。女儿趁机对父亲说："看到了吗？这就是我开宝马的原因。餐厅总是会把好车停在前面。现在我们不必等服务员开车过来了。"

这时，一个恼怒的仆人走近她说："女士，你把钥匙带走了。我们无法移动你的车。"

风险投资人可以打开生意和合作的大门；可以帮助你找到未来的投资者；可以避免你犯错；可以帮你招兵买马；可以让世界正视你，但是……

• 他们不一定比你更了解工程、营销、销售、生产、财务或运营。不过，你这样认为也无可厚非，因为这些人管理着数亿资产。

• 得到他们的投资并不能保证你会成功。这些公司下了很多赌注，且他们认为大多数都不会有回报。如果风险投资人是棒球运动员，他们中没有一个会成为职业球员，因为他们的平均击球率很低。

• 当你开始无法履行你的承诺时，不管他们怎么说，他们对你的忠诚，就只能维持一年了。他们不是你的朋友，他们最关心的是赚钱。他们不一定是坏人，但你永远不要忘记这只是生意。

现在我们已经介绍了三种主要的融资形式，让我们来对比一下（见表 5-1）。本章其余部分会介绍从天使投资人和风险投资人那里筹集资金的内容。

表 5-1

	众筹	天使投资	风险投资
最佳融资额	\$25 000 ~ \$100 000	\$250 000 ~ \$500 000	\$1 000 000 ~ \$5 000 000
期限	90天	180天	270天
每轮投资的股权稀释程度	不适用（是出售而非投资）	20%	25% ~ 35%
困难程度	中等	中等	高
产品/服务类型	零售的小物件、小发明、书籍和其他艺术与工艺类的项目	软件和网络服务	硬件、软件、生物技术和网络服务
尽职调查	最低	中等	高
侵入性	最低	中等	高
体验	有趣	可忍受	令人痛苦

5.4 获得介绍

多谢您寄给我您的书，我会马上阅读。

——摩西·哈达斯（Moses Hadas）

在出版业、电影业、音乐业和风险投资业都有这样的童话故事，你向一个组织提交了草稿、脚本、歌曲或商业计划。尽管他的办公桌上堆满了其他人提交的材料，但由于你的作品质量很高，有人会疯狂地邀请你来开会。开一次会议之后，你们达成协议。你再创作一部巨作，然后用余生拯救穷人。

继续做梦吧。

下面是一个真实的故事。一家初创公司放弃了从一家顶级风险投资公司获得资金，因为风险投资公司察觉到它无利可图。我询问这家风险投资公司的一位合伙人为什么放弃投资，他告诉我，因为他的合伙人知道欧洲有一家初创公司正在做同样的事情，该公司在欧洲占领了“100% 的市场份额，即将进军美国”。因此，对另一家进入者来说，为时已晚。

我询问那个合伙人他所说的那家初创公司的名字，他并不知道，因为是他的一个朋友告诉他的。我联系了他那位朋友，他也不知道名字，是他的另一位朋友告诉他这家初创公司的情况，以及它如何在东欧一个微小的垂直市场占有 98% 的市场份额。

关键是让竞争天平向你的方向倾斜。

让我们回顾一下：一位朋友告诉一位朋友，这位朋友告诉了一位同事，同事告诉合伙人不要费心调查这个初创公司。这个故事说明了为什么你需要一个可信的人为你介绍，让决策者认真审视你的初创公司。关键不是一个公平竞争的申请过程，而是通过获得风险投资人尊重的人为你介绍，使竞争天平向你的方向倾斜，这些人包括：

- **当前投资者**。当前投资者能提供的最有价值的服务之一就是帮助你寻找更多的投资者。这是游戏的一部分，所以不要犹豫是否寻求帮助。大多数投资者至少会听取那些已经持有公司股份的人的建议。
- **律师和会计师**。当你选择律师或会计师时，除了能力外，还要考虑人脉。你需要询问他们是否会为你介绍资金来源。很多公司都能做法律和会计的工作，所以找一家既能做这项工作又能做介绍人的事务所。
- **其他创业者**。创业者给他的投资者打电话或发电子邮件说：“这是一个炙手可热的初创公司，你应该和他们谈谈。”这是很有说服力的。去投资者的网站看看他投资了哪些公司，你可能认识其中一家公司的人。如果没有，去结识这些公司中的人，这些公司的高管比他们的投资者更容易接触。对非营利的初创公司来说，要多多关注目标基金会资助的组织。
- **教授**。教授的建议会给投资者留下深刻印象。例如，在硅谷，斯坦福大学工程教授的一通电话或一封电子邮件会引起大多数风险投资人和天使投资人的注意。我希望你在学校就是个好学生！

如果你不认识这些人呢？这是一个残酷的世界。筹集资金不是一个机会均等的活动，所以走出去，多与他人建立联系。

5.5 了解你的听众

与潜在投资者实现成功会面的基础是你事先做的调研。

首先，了解听众重视的东西。你可以从带你参加会议的合作伙伴那里获得以下问题的答案：

- 关于我们公司，你最想了解的三件事是什么？
- 我们哪里吸引了你？促使你给我们见面机会的理由是什么？
- 我在会议上有什么特殊事项、问题或禁忌需要提前准备吗？

其次，访问风险投资公司的网站，使用谷歌搜索，阅读报告，并与行业伙伴交谈，以收集更多信息。你可能想了解相关公司的如下信息：

- **公司背景**。公司是怎么创立的？最初的合伙人是谁？最成功的投资是哪些？
- **合作伙伴**。谁在那里工作？他们在以前的职位上为哪些组织工作？他们在哪里上学？
- **当前投资组合**。目前在其投资组合中有哪些公司？其过去取得了哪些重大成功？与你的初创公司有冲突或合作吗？

特别指出一点，领英（LinkedIn）是一个准备会面的好渠道。使用方法如下：

- 访问该公司网站的投资组合部分，找出该公司投资的对象。
- 将这些公司的名字输入领英，在你的人际网络中找到曾为其中任何一家公司工作过的人。
- 接触这些人。

最后，和你的团队一起集思广益，找出人脉、技巧和视角，使你的路演游说有力且有意义。丰富路演的方式有很多，但是当你进行准备的时候，想找到这些关键点是很困难的。重要的是提前进行调研，因为这个时候你的压力比较小。

虽然天使投资人可能没有网站，但谷歌和领英提供了大量有关它们的信息。另外，还有一个天使名单，即天使资本市场。在那里你可以搜索到天使投资人和公司的名字。在这个平台，你可以了解天使投资人的强大资源。

5.6 展现牵引力

一般来说，投资者都在寻找一个成熟的团队、成熟的技术和成熟的市场。然而，有一个因素打破了所有的夸张言辞：实际销售额（在硅谷，我们称之为“牵引力”——轮胎与道路摩擦，牵引力推动车辆向前移动）。

> 许多创业者认为“我真的相信我的想法”这句话是一种牵引力。如果他们认为这是真的，那他们就完全被欺骗了。

“牵引力”是最重要的，因为它表明人们愿意打开钱包，拿出钱，并放进你的口袋。如果你能做到这一点，那么你的团队、技术和市场就不那么重要了。我不知道有哪位投资者宁愿在成熟的市场上用成熟的技术在成熟的团队中赔钱，也不愿在未经验证的团队中赚钱。

这也是成功的众筹项目如此强大的原因。它不仅可以消除或推迟筹资的必要性，还可以证明你的产品的可行性，并有助于吸引投资者。

“牵引力”在不同的行业有不同的形式。它对拥有产品或服务的初创公司有一个直截了当的定义，具体如下：

- 注册数量。
- 下载次数。
- 付费客户数。
- 收入。
- 网站流量。

非营利组织有不同的参数，如下所示：

- 学校：招生人数和学生考试成绩。
- 教堂：参加礼拜的人数。
- 博物馆：参观人数。
- 志愿组织：捐赠情况和志愿时数。

这引发了一个逻辑问题："如果我没有足够的资金完成产品，我怎么能表现'牵引力'？"答案有二。第一，没有人说创业是件容易的事，所以请回顾第4章——起步期要步步为营，然后做你该做的事情；第二，"牵引力"有不同层次，并与马斯洛（Maslow）的需求等级充分对应。

- 实际销售额（非产品类公司可参考的参数）。
- 实地测试及试点。
- 同意在装运前进行实地测试、试点或试用。
- 建立联系以进行一次实地测试。

这是"牵引力"的可取排序。如果你连进行实地测试的联系渠道都没有，你将难以筹集资金。许多创业者认为"我真的相信我的想法"这句话是一种"牵引力"。如果他们认为这是真的，那他们就完全被欺骗了。

5.7 激发想象

几乎每一个创业者都会带着能证明其市场规模的幻灯片出现在投资者会议上。通常情况下，这些幻灯片包含一家咨询公司的估价，该公司明确表示，在未来四年内，一款用于经营骆驼牧场的软件市场的规模将达到500亿美元。

有意思的是，所有的创业者都声称他们面对的是一个价值500亿美元的市场。然而，会议室里没有一个人（包括创业者本人）相信这个数字，或者认为这个数字与产品是相关的。更好的方法是激发想象。你通过提供一个很有需求的产品来做到这一点，听众会自己计算它的市场规模。

这种方法并非在所有情况下都奏效，因为有些市场并不明显，但当市场明显时，结果会非常显著。以下是一个实行这个方法的例子。假设你的网站可以让人们无须购买或租用软件，也不必学习如何使用复杂的产品便能制图。

以下是激发想象的路演过程。

- 每个拥有网站、博客、社交媒体账户、书籍、eBay、Etsy或演示文稿的人都需要图像来吸引关注。
- 然而，大多数人不是平面设计师，也不是艺术家，他们也不愿意花费时间和金钱去成为这类角色。
- 因此，一个免费、便捷、能快速制作出精美图像的产品必定会吸引许多用户。
- 通过向用户出售图形元素、图库和高级功能，可以很容易地进行用户变现。

这种方法比引用一项证明图形软件和服务的市场价值为500亿美元的研究更有说服力，因为投资者能自己得出公司可以使设计大众化，并且可以发展壮大的结论。

5.8 认可或创造一个对手

许多创业者相信，投资者希望你的初创公司没有竞争对手。不幸的是，经验丰富的投资者如果听过这种说法，会得出以下两个结论中的一个。

- 没有市场就没有竞争。如果有市场，就会有其他人试图赢得市场。
- 创办人太无能，他们甚至不能用谷歌来发现其他初创公司也在做同样的事情。

显然，一家旨在服务一个不存在或毫无章法的市场的初创公司，不大可能筹集到资金。适度的竞争是一件好事，因为它验证了一个真正市场的可能性，也可以体现你已经做好了准备。

你的任务是展示你在竞争中的优势，而不是说不存在竞争。你可以用表5-2来解释你和你的竞争对手能做什么，不能做什么。

表 5-2

公司	我们能做而竞争对手不能做	我们不能做而竞争对手能做
本公司		
X公司		
Y公司		
Z公司		

没有人会问为什么要列出你能做但你的竞争对手不能做的事情，但许多创业者想知道，为什么要列出自己不能做而竞争对手能做的事情。原因是，这样做能展示以下四项优秀品质，从而提高你的可信度。

- 讲实话。
- 评估竞争对手。
- 了解自己公司的弱点。
- 清晰简明地交流。

你还可以使用此表将你的能力映射到客户的特定需求上来提升产品与市场的相关性，也就是说，“我们能做而竞争对手不能做”这一列应该证明你的产品有市场需求。

当人们发现他们可以相信你的劣势时，他们将更愿意相信你的优势。

不幸的是，创业者很少考虑这些因素。相反，他们设计了一个矩阵使他们看起来很光鲜，但这些往往包含一些不相关的，或是愚蠢十足的参数。

如果没有直接竞争者，那就扩大范围，直到找出对手。如果完全没有竞争者，那你很可能一无所有。几个非直接竞争者的例子如下：

- 依赖现状。“这是我们一贯的做法。”“我们需要老板的许可。”
- 抢夺时间精力。例如，一个博物馆的竞争者不仅包括其他博物馆，也包括水族馆、网络游戏和购物中心等。
- 谷歌、苹果和亚马逊。某种程度上而言，它们是所有公司的竞争对手。

大胆一点，公开讨论自己的优势和劣势。当人们发现他们可以相信你的劣势时，他们将更愿意相信你的优势。

5.9 别掉入这些问题陷阱

幸运的话，你会遇到提出陷阱问题的投资人。“幸运”是因为这类问题表明投资人对你感兴趣，而且他们经验丰富。这些问题为你提供了一个展示你丰富经验的机会，典型的陷阱问题和恰当的回答如表 5-3 所示。

表 5-3

投资者的陷阱问题	你想说什么	你应该说什么
是什么让你觉得你有资格管理这个初创公司?	你凭什么认为你有资格管理这个风险投资公司?	到目前为止，我做得还不错，让我们公司走到了这一步。但如果有必要的话，我会让位。
你认为自己会是初创公司的长期CEO吗?	你的有限合伙人怎么看你?	我一直专注于把我们的产品推向市场。我会做一切有必要的事情，使这个目标成功，如果需要的话，包括让位。以下是我们实现这一转变的合理时间点……
所有权管理对你来说是个大问题吗?	我为了能让这个项目成功，每周将花80小时工作，而你问我是否在乎自己有多少股权?	不是。我意识到要想成功，我们需要优秀的员工和投资者，他们都要成为重要股东。我将专注于把饼做大，而不是争取或占有其中的一大块。
你认为你的初创公司的资产变现路径是什么?	创造估值新纪录的IPO（首次公开募股）。	我们知道，在我们能够资产变现之前，还有很多事情要做。我们计划让这家公司成为一个大型、成功、独立的实体。现在，我们正在全力以赴，尽我们所能去达成目标。IPO是一个梦想结果，另外，这五家公司未来可能成为我们的收购方……

5.10 抓住一只猫

你可能有 50 种方式离开你的爱人，但风险投资人有更多的方式拒绝你。不幸的是，风险投资人不喜欢直接明确地拒绝，他们更喜欢用一些“迂回（SHITS）”的技巧：表现出高度的兴趣，但迟迟不做决定。以下是你会听到的常见回答（说得较为随意）：

• 现在我们给你投资还为时过早。给我们看看你的“牵引力”，我们再投资。

• 你来得太晚了。希望你早点来找我们。

• 如果你有领投人的投资，我们将成为联合投资的一个。

• 我们在你的行业没有专业人士。

• 你的公司与我们正在投资的一家公司存在利益冲突（相信我，如果他们认为他们可以通过你的公司赚钱，他们会解决这一冲突）。

大多数时候，投资者真正要告诉你的是“我们永远不会投资了”。但在某些情况下，投资者是真正感兴趣的，但他们还没有准备好承诺投资。你最终可能会从他们那里得到投资，但是完成这一过程就像把猫赶到一起一样困难。

把猫赶到一起的关键是把一只放到袋子里，而不是为了抓住他们而每只都去接近。如果这只猫是一只大的、漂亮的、有名的猫，那就更好了，但你需要跟任何一只猫都保持距离。因为风险投资人喜欢凑在一起，就像“祸不单行”一样要平摊风险。

在你的事业没有明显起色的情况下，继续与投资者保持联系将使你的形象从“执着的人”变为“讨厌鬼”，没有人会给讨厌鬼投资。

赢得风险投资人的支持不仅仅是要通过你的推销和介绍人提供客观的、可量化的、引人注目的信息。这既是一个情感过程，也是一个分析过程。一个尚未承诺的风险投资家还在观察你的所作所为，例如：

• 你接着回答了你之前无法回答的问题吗？

• 你在演讲后提供了支持你自己案例的补充信息吗？

• 你是否接近了大客户或提前达到了一个关键节点，让投资者感到惊喜？

• 还有其他优秀的投资者跟你签了投资合同吗？

坚持沿着这些方向努力便可以得到回报，你可以在你努力把猫赶到一起的几周甚至几个月后提供这些问题的相关新进展。然而，在你的事业没有明显起色的情况下，继续与投资者保持联系将使你的形象从“执着的人”变为“讨厌鬼”，没有人会给讨厌鬼投资。

5.11 请一个律师

你需要一个律师，不是普通律师，而是一个经常从事风险投资和早期融资交易的律师。也就是说，不要聘用处理离婚案件、刑事案件、家庭法或房地产事物的律师朋友或亲戚。别太傻了，就像你不会向皮肤科医生寻求医治脑瘤的建议一样，你也不会向离婚律师寻求关于企业融资的建议。

从尽职调查到货币电汇，你都需要法律建议。特别是，你需要他们为你创建投资意向书，一个明确投资参数的法律文件。我们在威尔逊·桑西尼·古奇和罗沙迪（Wilson Sonsini Goodrich & Rosati，硅谷三大律所之一）的朋友们设计出了很好的 WSGR 投资意向书生成器，以帮助创业者读懂这份文件。

这个生成器有 48 页的问题介绍，应该能让你明白投资的过程有多复杂，以及为什么你需要找一个经验丰富的律师。

5.12 创业与其他事并行

一本书的线性发展逻辑可能会给你一种印象，即筹款（通常是创业）是一个连续的过程。例如，通过众筹筹集资金，制作产品原型；从天使投资人那里筹集资金，启动公司；从风险投资人那里筹集资金，扩大规模，上市，并购买酿酒厂和特斯拉。

融资和创业通常是一个并行的过程。例如，当你在推广一个众筹项目时，你可能在向朋友和家人借钱，同时又在会见天使投资人和风险投资人。这只是并行的一个方面，因为你可能同时还在构建产品原型、寻找客户、建立合作伙伴关系以及招聘和培训员工等。

适应它吧，这就是你选择的生活方式。

5.13 展望未来

当你读这本书时，你可能刚开始筹集资金或刚结束种子轮。了解全局和每轮融资各自的含义对你很有用。

- **种子轮 = 嗞嗞声**。这是你筹集到的第一笔外部资金。其数额为10万美元至25万美元。资金来源包括朋友、家人以及天使投资人。在这个时候，你是在贩卖梦想和幻想——换句话说，这一轮是煎牛排时发出的嗞嗞声。
- **A轮 = 牛排**。在这一轮中，风险投资人进入了你的蓝图。他们给你的赌注为100万至300万美元。你不能再依赖煎牛排时的声音了，因为巨额资金正岌岌可危（这里并不是什么双关）。现在，你的产品必须要创造收入。换句话说，这一轮是煎好的牛排，而不是煎牛排时的声音。我从风投公司TriplePoint Ventures的本·纳尔森（Ben Narasin）那里学到将嗞嗞声和牛排的比喻应用于融资。
- **B轮 = 类固醇**。那块牛排很好吃。顾客在购买并享用。现在，公司需要注入类固醇来达到1亿美元一年的奇迹般的收益。你要用这笔钱来扩大你的业务规模。幸运的是，创业者并不需要进行尿检。
- **C轮 = 谄媚者**。如果你能进入这一轮，你可能就不再需要钱了。只有在防止资本主义体制崩溃或谷歌、苹果、亚马逊决定进入你的业务时，你才需要这轮额外融资。此时，投资者准备买入，而你不打算卖出，所以他们正为了抓住你这个赢家而奉承你。

5.14 像你无法再进行筹钱了一样节约用钱

我最后的建议是关于在你筹集到钱后应该做什么——不论金额有多少。许多创业者靠空想生存了几个月，在资金注入之后就开始疯狂挥霍，把钱浪费在漂亮的家具、凉爽的办公空间、免费食品和从大公司挖有 MBA 背景的员工上。

> 最好的心态是假设你再也不能筹集到资金了。

如果你发现自己有以下类型的想法，那么你正在走下坡路。

- 投资者给了我们钱来投资，所以让我们开始投资吧。
- 如果我们给员工安排餐食，他们就不会出去吃午饭，他们就能够完成更多的工作。
- 我们现在需要建立基础设施，以支持我们未来必将实现的惊人增长。
- 我们总是可以筹集到更多的钱。

最好的心态是假设你再也不能筹集到资金了。这在什么情况下会发生呢？你可能会错过发货日期；你可能无法达到销售预期；你的投资者可能会对你的团队失去信心；你的投资者可能会花光钱；可能会发生经济萧条或暴发流行病等。你永远都不知道还会发生什么事情。

只要一切顺利，每个人都能相安无事。然而，只有杰出的创业者可以在一切都不尽如人意的时候生存下来。如果你知道你再也不能筹集到资金了，你会怎么花你所拥有的钱呢？

5.15 轻松一刻

为了让你轻松一下，在结束这一章时，告诉你一些我有幸听到的更不寻常的商业项目。

- 把以色列变成中东其他国家的游乐园。
- 在洛杉矶上空建造一个穹顶（我忘记建造这个穹顶是为了控制洛杉矶的污染，还是为了防止更多的污染进入洛杉矶了）。
- 建造一个飞船，作为空中医院。
- 在月球上出售大片土地。
- 在旧金山上空建一个巨大的、外形如乌龟的充气物体，作为酒店。
- 使用催眠疗法丰胸。
- 制造一辆隐形汽车，并提醒说，如果美国公司不提供资助，它将被交给伊拉克。
- 出售一个含电池的设备，你夹在鼻子上，可以进行取暖。
- 打印出三明治。
- 为世界创造一种新的货币（这位创业者正在寻求一万亿美元的投资）。

尽管这些想法听起来很疯狂，但 3D 打印和比特币还是产生了！

附录　风险投资人的十大谎言

风险投资人都很简单：他们要么决定投资，并说服自己其直觉是正确的（所谓的尽职调查）；要么根本没有可能再投资。尽管他们可能很简单，但他们不一定坦率，所以如果你认为很难从风险投资家那里得到一个明确的肯定，你应该试着得到一个明确的否定。

创业者也是简单的人：如果他们没有听到明确的否定，他们就认为答案是肯定的。这就是风险投资人和创业者之间沟通不顺畅的原因。为了促进二者之间更深入的了解，这里揭露了风险投资人的十大谎言。

- “我们可以快速做出决定。”当然，公司本可以快速做出决定——毕竟，他们不是在用他们的钱冒险，但他们从来没有快速做出过决定。因为公司的合伙人并不是他们自称的那般大胆、有冒险精神。他们像金融领域的大多数人一样厌恶风险，喜欢随大流。

- “我喜欢你们的公司，但我的合伙人不喜欢。”换句话说就是：“不。”投资者试图让创业者相信，他是好人、聪明的人、能够理解商业价值的人；而其他人不是这样，所以不要责怪他。这是一个逃避的行为，并不是其他合伙人不太喜欢这笔交易，而是因为投资者并没有真正相信你的项目。一个真正相信你项目的人一定会想办法完成这笔交易。

如果你的阿姨是一个男人，她就是你的叔叔了。

- “如果你找到一个领投人，我们会跟进。”换句话说就是：“不。”正如日本人所言：“如果你的阿姨是个男人，她就是你的叔叔了。”阿姨不是男人，所以这句话毫无意义。风险投资人的意思是：“我们并不是很相信你的项目，但如果你能让红杉资本领投，我们会马上投资。”换句话说，一旦创业者不需要钱时，风险投资人会很乐意给他更多。你想听到的是：“如果你不能找到领投人，我们还是会投资。”这才是一个相信你的人。
- “给我们看看卖点，我们会投资的。”换句话说就是：“不。”这个谎言的意思是：“我不相信你的故事，但如果你能通过获得巨额收入来证明这一点，那么你可能会说服我。不过，我不想告诉你这不可能，因为你可能会是下一个谷歌，然后我就彻底成了一个让机会溜走的傻瓜。”
- “我们喜欢与其他风险投资人共同投资。”就像太阳每天都会升起、加拿大人热衷于冰球一样，你要明白风险投资人都是贪婪的。在这个行业里，贪婪的意思是：“如果这是一笔好交易，我全部都想要。”创业者想听到的是：“我们想要独家投资，我们不需要任何其他投资者分享。”如果真是这样，创业者的工作就是说服他们，为什么其他投资者可以让蛋糕做大，而不是去瓜分原有的蛋糕。
- “我们投资的是你的团队。”这句话并不完整。虽然他们确实在投资团队，创业者却解读为：“我们不会解雇你——如果我们因为你而投资，为什么要解雇你呢？”但风险投资人并不是这么说的。他们说的是：“只要一切顺利，我们就会投资你的团队，但如果情况不好，我们就会解雇你，因为没有谁是必不可少的。”

- “我为你们公司投入了大量的时间、精力。”也许风险投资人说的是他办公室的光纤宽带，而不是他的个人行程，因为他的行程里已经有10个董事会会议了。创业者应该假设风险投资人每月在一家公司花费的时间只有5到10个小时。这就是事实。所以接受这样的事实吧，注意缩短董事会会议的时间。
- “这是一份香草味的投资意向书。”没有什么所谓的香草味的意向书。如果把投资意向书比作冰激凌，最常见的味道是Rocky Road（一种巧克力口味）。你需要一位经验丰富的企业融资律师，而不是随便一个人来解决投资意向书中的复杂问题和陷阱。
- “我们可以在我们的客户公司中为你牵线搭桥。”这是一个双重谎言。第一，投资人并不总是能够在所投的公司中牵线搭桥。公司可能会讨厌他，于是他的推荐会成为世界上最糟糕的事情。第二，即使投资人能牵线搭桥，创业者们也不能指望这些公司按照承诺给予最有价值的投资待遇。
- “我们喜欢早期投资。”风险投资人热衷于将100万美元投入一个拥有200万美元启动资金的初创公司，最终拥有下一个谷歌的33%的股份。这是一个早期阶段的投资。你知道为什么我们都知道谷歌惊人的投资回报吗？这正如我们都知道迈克尔·乔丹（Michael Jordan）：谷歌和迈克尔·乔丹极为罕见。如果他们很常见，就没有人会记得他们。如果你从更深层次看，风险投资人想要在经过验证的市场（如电子商务）中投资经过验证的团队（如思科的创始人）以及他们经过验证的技术（如获得诺贝尔奖的技术）。

常见问题解答

本章问答环节是这本书中最长的。这反映了筹款的过程对大多数人来说都是个困难的过程。我在本章的正文中回答了关于融资最常见的问题，而在这里，我只回答了一些最有针对性的问题。

Q：我应该设法筹集多少钱？

A：有两个不同的答案。第一个，你可以只筹集达到下一个主要突破点所需的资金。例如，从第一个原型到第一个可交付产品。理由是，完成这一突破将使你能够以更高的估值筹集资金。

第二个，如果投资者以高估值向你投资，那么你可以接受他们提供的资金。这样你就再也不用筹集资金了，你便可以少担心一件事情。

然而，无论估值如何，你拿的钱越多，需要回报的就越多。例如，当你听说一家公司筹集了 5 000 万美元时，他们会有两个结果：第一，该公司已经积累了大量的资金；第二，该公司必须返还 5 亿美元，让投资者满意。后者造成了很大的压力。

投资者在早期阶段向你大笔投钱的可能性很低，所以对大多数初创公司来说，这个问题的答案是只筹集达到下一个主要突破点所需的资金。

Q：我如何为我的初创公司设定估值？

A：我曾经告诉人们，每个全职工程师价值 50 万美元，每个工商管理硕士价值 25 万美元（我有 MBA 学位）。人们以为我是在开玩笑，但其实我是认真的。

我有一些建议。首先，你不要自己给自己的公司估值，除非你是正在拒绝投资者的罕见的初创公司之一。对我们其他人来说，投资者试图设定估值，而你试图提高估值的过程就叫作谈判。

其次，关于私营公司的估值信息并不完善。这并不是你拿起《华尔街日报》（*The War Street Journal*）并找出他们股票的交易现值就能确定的。你能采用的最好的方法是找到一家有可比性的公司，基于此估计近似值。

假设一家相似的公司筹集了 300 万美元的资金。通常，初创公司在融资期间出售其 20% 至 25% 的股权。进行一个数学换算，如果 300 万美元是 20% 到 25% 的股权，那么 100 % 的股权是 1 200 万到 1 500 万美元。这就提供了一个初始起点，你可以从这个点开始进行协商。

你可以通过浏览 Mashable、TechCrunch 和 Verge 等网站来找到这些融资信息。WSGR 律师事务所还根据其客户的融资情况发布了一份有用的报告。

第三，你不需要在 SAT（美国高考）中获得数学 800 分（满分为 1 600 分）就能想到拥有初创公司的更大比例的股权会更好。然而，这并不是全部，重要的是你的股权的价值，而不是你持有的比例。例如，拥有谷歌 0.001% 的股权要比拥有价值 1 000 万美元的公司 51% 的股权要好得多。

因此，不要试图让公司估值最大化，以尽量减少筹集资金的稀释效应。你要么会赚得比你期望的多，要么一无所有。你的公司价值比你拥有的股权比例更重要。

Q：创业者是否必须接受想要投资其企业的风险投资人提出的估值？

A：无论风险投资人第一次的估价是多少，要求高出 25% 的估值，因为在谈判中，对方希望你让步——事实上，如果你不让步，你可能会吓跑风险投资人，他们会认为你是个不善谈判的人。最好能有一些争论来说明为什么你会认为你的公司估值应该更高——我的意思是，一味地让步是不够的。

不过，如果在谈判的最后，估价是合理的，那就拿着投资开始工作吧。估值高几个百分点和拥有多几个百分点对你的影响并不大。

Q：有一个风险投资人想给我的公司投资 500 万美元。就他未来与公司的关系而言，我应该怎么做呢？

A：只要一切顺利，风险投资人就不会干涉你。让我们来看看一个风险投资人的生活：他是多达 10 个董事会的成员，至少每季度开会，有时每个月都要开会；他必须筹集资金投资，让大约 25 名投资者保持知情并且满意；他每天要看数笔交易；并且他正在与其他五名合伙人打交道。他没有时间对你进行微观管理——如果他认为必须这样做，从一开始就不会向你投资了。

更重要的问题是：“我能期待从一个好的风险投资人那里得到什么支持？”答案是：他每月 5 个小时的想法分享，让潜在客户和合作伙伴为你敞开大门，并能够亲自面试你公司里的高级职位的候选人。

Q：我如何识别那些有新的资本且到期时间足够久，并与我的清偿期安排一致的风投公司？

A：你想多了。风险投资公司资金的时间安排并不是一个很大的影响因素。你也许可以说服风险投资公司说你可以赚钱。如果你能成功说服他们，他们会为你找到资金的，并且风投公司会选择你，反之亦然。同时，你没有办法预测清偿期的安排。

Q：接触各个级别的风险投资人的顺序是什么？从一级开始接触，然后二级，然后三级，或者相反？

A：你想得太多了。向任何你能进入的公司进行推销。在试图筹集资金的9个月后，你会意识到所有的钱都是被欢迎的。此外，谁是一级、二级或是三级公司并不会特别明显。

Q：一级、二级或三级风投公司期待的内部收益率是多少？他们有多坚定地坚持这个预期目标呢？

A：你想得太多了。首先，风险投资人不太可能承认他的公司不是一级风投公司。即使他承认了，他也不会对他的合伙人和投资者说："鉴于我们是二级风投公司，让我们试着争取10%的股份。"

所有风险投资人都在寻找对你特定投资的高回报，而不是符合他们平均目标水平的回报。请记住，他们知道你的公司很有可能会倒闭。但你的问题忽略了另一点，虽然风险投资公司通过内部收益率表现进行排名，但风险投资人不会通过计算未来的内部收益率来评估具体业务。

实际上，投资者关注现金回报，也就是说，如果他们今天投入100万美元，他们期待在四五年内得到什么回报？（500万美元将是5倍的回报。）对现金回报的期望因投资者类型和投资部门而异，而不是因公司的声望而异。对早期的高科技投资，你最好能够通过一个现实的计划说服投资者，承诺在三到五年内将会以投资金额的5倍到10倍返还。

Q：我应该承认我们到目前为止的销售情况平淡无奇（甚至根本不存在）吗？

A：是的，但我想说，你的销售情况并不低迷——你"正处于销售周期的早期，并且拥有创新产品"。而且，这就是为什么你坚持的时间越长越好。

Q：我应该向风险投资人承认我是新手吗？

A：很显而易见，你不必这么做。不过，为了打消他们的顾虑，可以同时邀请经验丰富的董事和顾问。另外，你也可以说："我会做对公司正确的事情，如果需要的话我会交出自己的权力并让贤。"

Q：风险投资人之间会有多少交流？我在一个风险投资人面前的伪装会不会被用作谈资？会不会破坏其他人对我的好印象？

A：风险投资人不太可能谈论你，因为一天中没有足够的时间来讨论他们参加的所有沉闷的会议和他们遇到的无知的创业者。你必须做一些令人震惊的蠢事才能成为一个谈资。

Q：在筹资前是否有必要聘请一家律师事务所和会计师事务所？

A：这不是必要的，但你聘请一家律师事务所更好。有三个原因：第一，假设你选择了一家因从事公司财务 / 风险投资工作而得到认可的律师事务所，这表明你知道自己在做什么；第二，一个好的律师可以帮助你找到投资者；第三，你需要一个有丰富经验的公司财务律师来完成融资的文书工作。会计师事务所不那么重要，因为目前还没有做账的需要。

Q：筹集能够支持整个项目直到清偿的资金，以及筹集未来一到两年需要的资金，哪一种更好？

A：两者都不好。你不可能知道清偿是否会发生、何时会发生，以及在实现清偿的过程中你需要多少钱。然而，你想要得到的，以及投资者想要给予的，是足够实现下一个重大目标的资金；如果你没有如期实现目标，则加上六个月的缓冲。

Q：我的业务是否需要充分运作和盈利才能吸引投资？

A：风险投资业务是周期性的——有些人会说它是贪食症患者。在饥饿地无人可投时，风险投资人会资助任何可以使用 PPT 的人。在筛选时，大多数风险投资人会变得谨慎，并且更愿意投资"进行了全面运作且盈利"的公司。

你的工作是找到那些投资于未经市场证实的初创公司的风险投资人。当风险投资人告诉你，他们只投资经过验证的公司时，他们是在撒谎。他们的真实想法是："我们不理解你的想法，所以我们这样告诉你。如果我们真的相信了你，我们会和你一起冒险。"

Q：我的目标市场中存在一个明确的领头企业是否妨碍了我获得投资？

A：我可以明确地说："这不一定。"如果是在市场生命周期的早期，并且未来的市场是巨大的，你就可以获得投资。Commodore 是个人电脑市场中毫无疑问的领先者，但也有许多公司在它之后得到了投资。然而，在汽车等成熟的资本密集型行业，这将会很困难。

这也取决于投资者。有些人会被市场的领头企业吓跑。其他人则会把领头企业的存在看作有市场的证据，并愿意去争夺领头企业的地位。

还有一件事情需要考虑。你的问题是关于资金的。然而，融资能力和企业的生存能力不是一回事。虽然你成为市场领导者的想法可能无法让你筹到资金，但它仍然是可行的，所以不要让投资者的负面反馈阻止你的脚步。

Q：拥有少而大的投资者更好，还是拥有多而小的投资者更好？

A：如果你能做出选择，你应该感到很幸运。投资者的减少意味着需要管理的关系就更少。此外，引进更多的投资者也可能意味着你会得到一些不那么复杂的投资者。

然而，有几个令人信服的、可以吸引更多投资者的理由是：更多的投资者意味着有更多的人通过打开合作的大门、招聘员工、制造话题来帮助你；当你需要额外资金时，你在投资关系中就能有很多资金来源；当有分歧时，让一个投资者做最终决定是很危险的，而出现分歧是必然的。

Q：当我接受天使投资人的钱时，如果我能够偿还天使投资人的贷款利息，设置一个收购条款以保留我的股票是合理的吗？

A：你可以尝试一下，但它很俗气。天使投资人不是试图在资本成本和利息之间周旋的银行。天使投资人在最危险的时候向你的公司投资，他们理应收获好处。如果你真的做了一个收购条款，你会积累一个恶报，而一个初创公司需要积累它能得到的所有善报。

Q：当前投资者是否应该参加公司对潜在投资者的推广活动？

A：如果对潜在投资者没有意见，人们通常会积极看待这一点，它意味着目前的投资者足够关心公司，因此来参加公司的推广活动。如果现在的投资者是名人，一定要把他或她请来。

Q：哪种情况更吸引投资者？是一个拥有数十亿美元市场的产品理念，并且已经有一些大玩家？还是一个新的，有潜力创造一个数十亿美元市场的产品理念，并且短期没有竞争对手呢？

A：这取决于投资者。有一些投资者喜欢“创造新世界”型投资，但绝大多数投资者和水牛相似，跟着领头牛一起跑向悬崖，因为其余的牛也在这样做。在某种程度上，筹集资金是一个数字游戏：你必须做很多努力才能找到一个投资者来写支票，因此你不能挑剔。

Q：我们应该更关注哪一种，是介绍产品如何解决痛苦并进行竞争分析，还是介绍投资者如何获得一定比例的回报呢？

A：前者，永远不要关注后者。没有人能预测回报将在何时以及如何发生。试图这样做会让你看起来很愚蠢。

Q：创业者应该在什么时候放弃从投资者那里获得资本？

A：我从未见过一个创业者会通过争论来推翻一个消极的决定。当投资者说不（如风险投资人的谎言）的时候，他们会优雅地接受这个决定。

不过，当你能提供证明时，就去争取一下吧。证明意味着完成你的产品、开立有声望的账户、从其他来源筹集资金，以及组建一个伟大的团队。坚持，加上你的证明，就可以成功。

Q：首席执行官（CEO）应该为自己设定多少薪水才是合理的，并且不会吓跑投资者？

A：这很难用绝对数字来回答。大约在 2014 年，对技术型初创公司来说，答案可能是每年 125 000 美元。一个更能经得住时间考验的答案是：首席执行官的薪酬不应该超过薪酬最低的全职员工的 4 倍。

Q：天使投资人希望创业者共担风险，但我没有任何钱来投资，我该如何克服这个问题？风险投资人希望创业者如何共同承担风险？

A：对风险投资人或天使投资人来说，与创业者共同投资、共担风险是很好的，但不是必要的。当然，你不应该相信，由于你愚蠢到把钱投入一个糟糕的想法中，其他投资者也会效仿。

如果你认为一个潜在投资者拒绝你的唯一理由是你没有共担风险，那么你还是会得到一个否定的答案。因为更重要的是你研发产品的时间以及取得的进展。

相反，如果投资者因为你也承担了风险而同意提供资金，那么这个投资者就是个傻瓜，你也不会想跟他合作。此外，几乎在所有的情况下，经过几个月的努力，你们都共同承担着高额风险。

Q：如果天使投资人询问他的回报，最好的答案是什么？

A：最好的答案是告诉他，他一定不是一个老练的投资者，因为这样的投资者不会问一个没有答案的问题。不过，我敢打赌，你没有勇气这么做。相反，你可以让他和你一起检查你的财务计划，然后问他："你认为什么样的回报是现实的？"

Q：我在与风险投资人开会时应如何着装？

A：这取决于你在哪个国家的哪个地区。在美国东海岸，你应该穿夹克并且打领带；而在美国西海岸，你可以穿得休闲一些，如穿 Dockers 和开领短袖。无论在哪里，如果你是极客天才，那么你就可以穿干净的 T 恤和牛仔裤。

Q：投资者是否会对在未来十年内通过利润分享或从公司创始人处买断股份来获得回报感兴趣？

A：只有当投资者是你的母亲时他们才会。如果投资者是专业的，且如果你缺少上市或被收购的机会，请你忘记融资这件事。如果他们是天使投资人，投资你的初创公司可能代表一种幻想或同情，那么回报率并不那么重要。但利润分享或买断股权只对少数投资者有吸引力。

Q：考虑到很少有投资者会签署NDA（保密协议），我该如何保护自己的创意？

实施想法很困难，付诸行动才能产生回报？

A：你说得对。很少有投资者会签署保密协议，但即使他们没有签署，他们在听到你的想法后也不会毫无忌惮地外传。我从未见过创业者告诉投资者一个想法后，投资者进行剽窃的情况。投资者正在寻找能够实施这些想法的人，而不仅仅是能提出这些想法的人。这些想法很简单，实施起来却很困难，而且资金从哪来？坦率地说，很少有投资者能够实施一个想法——这就是为什么他们是投资者……但我离题了。

以下是签订保密协议的合理建议：

- 如果你要求签署保密协议只是为了表达你的想法，那继续你的日常工作吧，别筹资了，因为你很无知。仅仅为了听到你的想法而签保密协议的人不是你想要的投资者。
- 免费传播你的执行摘要和PPT路演稿吧。这些文件应该会吸引投资者进行下一步动作。他们不会泄露你的小技术。
- 如果有投资者对你的公司感兴趣并想在源代码或纯科学层面了解更多信息，询问他们是否能签署保密协议。投资者在尽职调查阶段询问这类信息是合理的。在这个阶段，你要求签署一份保密协议也是合理的。
- 一旦申请了专利，在保密协议下讨论你的专利你应该觉得相当安全——而不是说你会有时间或资源起诉专利侵权。对想法的最佳保护是将想法付诸伟大的实践。

Q：我何时应该停止寻找（或谈判）更好的交易，并接受对方所提供的服务？

A：如果你连工资都发不出了，停止寻找（或谈判）是个好主意。如果你得到的数额不低于你想要的 20%，那就接受吧。专注于开创你的业务，而不是找到最佳投资。从长远来看，你的业务质量决定了你将赚多少钱，而不是你几年前与投资者达成的交易。

Q：我应该更担心股权稀释还是企业的实际资金需求，抑或是投资者想要投入的金额？

A：优先顺序：首先是企业的实际资金需求，其次是投资者想要投入的金额，最后是股权稀释。

推荐阅读

Stross, Randall E. eBoys: *The True Story of the Six Tall Men Who Backed eBay, Webvan, and Other Billion-Dollar Start-Ups*. New York: Crown Business, 2000.

第6章

宣讲与展示的策略

修正你的言辞，以免破坏你的命运。

——威廉·莎士比亚，李尔王（William Shakespeare, King Lear）

忘记“我思故我在”。对企业家来说，有效的措辞是“我宣讲故我在”。宣讲不是为了筹集资金，而是为了达成协议。协议的产生会带来许多良性结果，包括销售额的提升、合作伙伴关系的建立和新员工的雇用。

问：你怎么知道一个企业家是否在宣讲？

答：他嘴唇动时即在宣讲。

在本章中，你将学习如何以更精简有效的方式展示你的初创公司和产品。

6.1 时刻准备着

如果你出席宣讲时没有投影仪，责任在你；如果你的笔记本电脑无法与投影仪同屏协作，责任在你；如果宣讲时投影仪的灯熄灭，责任在你；如果你缓慢开始，宣讲看起来混乱，最终失去观众，责任在你。

你明白这个规律了吗？

扭转不良开端几乎是不可能的，因此你应该早点到场，做好准备——带上自己的投影仪，带上两个存储着演示文稿的笔记本电脑，带上两个 VGA 适配器，带上存储着演示文稿副本的U盘，并打印纸质版演示文稿，以防止意外情况的发生。

6.2 定基调

当宣讲会开始时，你应该为接下来的宣讲定好基调。首先，你需要询问："我可以占用各位多长时间？"这个问题表明你尊重观众的时间价值，不会超出演讲时限，同时也能让观众投入最少的时间来倾听宣讲。

> 如果你能为宣讲会定好基调，让每个人都有同样的期待，那么你就在竞争中遥遥领先了。

然后你需要询问："我能提供的三条最重要的信息是什么？"你可能会发现一些你本来试图交流的内容，观众早已经知道或相信，那么你可以跳过它们。你也可能会发现一些你认为观众已经理解的内容并不能跳过。

最后，你需要询问："我可以先快速完成演讲，最后再集中回答大家的问题吗？"可以试着让观众承诺不打断你，这样你的演讲就能更加流畅。

你应该在宣讲会开始前，从赞助商那里获取这些信息。但得到这些答案大约需要五分钟的时间，如果你能为宣讲会定好基调，让每个人都有同样的期待，那么你就在竞争中遥遥领先了。

6.3 从第 6 分钟开始介绍你的初创公司

如果演讲者花费前 15 分钟讲述自己的生平，接下来 15 分钟再介绍团队每个成员的背景，这样的宣讲会我从来没听完过。

不幸的是，许多企业家认为宣讲文就是叙事文，其开篇应该是自传，讲述个人故事是为了让观众相信这是一个伟大的团队。但这样一来，观众都想知道这家初创公司到底在做什么。以航空术语打比方，这样的演讲感觉就像一架波音 747 飞机轰鸣着飞了两英里。相反，你应该模仿 F18 大黄蜂战斗机，从长度约 300 英尺[①] 的航母甲板上弹射起飞。

最迟在演讲的第 6 分钟，你就应该介绍你的初创公司是做什么的了。（请记住，前 5 分钟是为了得到上述三个问题的答案。）一旦观众了解到你的公司是做什么的，他们就可以平心静气并且专注地听你讲解其余内容。

别疯狂使用“申请专利中、曲线跳跃、企业级、可扩展的、革命性的、先发优势、范式转换、以客户为中心的解决方案”之类的短语来讲述。请使用三五个词语（简单的语句）来陈述，例如：

- 我们在销售软件。
- 我们在销售硬件。
- 我们在帮助贫困的孩子。
- 我们呼吁防止虐待儿童。

练习

计时1分钟。在1分钟里，向一些朋友介绍你的初创公司是做什么的。1分钟结束后，让他们写下你的初创公司是做什么的。收集答案，将其与你认为你所表述的内容进行比较。

6.4 遵守“10/20/30”的规则

我患有梅尼埃病，它是耳鸣、听力丧失和眩晕的医学术语。目前，此疾病还无法治愈，但有很多关于研究它的成因和治疗方法的理论。我确信我之所以患上梅尼埃病，是因为我听了数千场蹩脚的、没有价值的宣讲会。

① 1 英尺 = 0.0254 米。

我确信我之所以患上梅尼埃病，是因为我听了数千场蹩脚的、没有价值的宣讲会。

帕累托法则是指 80% 的影响源于 20% 的原因。梅特卡夫定律是指网络的价值与用户数量的平方成正比。而“10/20/30”的演示规则是指你应该在 20 分钟内使用 10 张幻灯片，呈现字体至少为 30 磅。这是你能了解到的关于宣讲最重要的法则，它将有助于防止梅尼埃病的流行。

1.10 张幻灯片

宣讲的目的是激发观众兴趣，其内容不需要涵盖你初创公司的各个方面，并且不需要强迫你的观众接受。你的目的是激发观众足够的兴趣，以获得第二次深入交流的机会。

因此，我们建议宣讲的幻灯片数为 10。这个少得难以置信的数字迫使你专注于绝对重要的点上。你可以再添加几张，但绝对不能超过 15 张——你需要的幻灯片越多，说明你的想法的说服力越弱。这 10 张幻灯片可设计为：

- **标题**。机构名称，你的姓名和头衔、地址、电子邮箱和手机号码。显示此幻灯片时，你可以询问为宣讲会定基调的那三个问题，然后介绍你的初创公司是做什么的。表达要直截了当！

如果一张图片胜似千言万语，那么一个原型就胜似万张幻灯片。

- **问题/机会**。描述你正试图为人们解决的痛点。其目的是让每个人都相信你产品的实用性。你的描述应避免看起来像在为某类问题寻找解决方案。尽量减少或不去引用关于你未来市场规模的咨询研究。

如果你不是在为人们解决某一痛点，而是要让人们做他们以前从没做过的事情，那么，是时候向大家描绘你所能提供的美好新世界的蓝图了。

- **价值主张**。解释你如何缓解人们的痛点问题以及这样做的意义。你应确保观众了解你销售的到底是什么以及你的价值主张。

这不是深入探讨技术问题的时候。你只需提供你公司的创办宗旨，如“我们是一个旅游折扣网站。我们开发的软件可以搜索所有的旅游网站，并将他们的报价整理成一份报告。”

• **潜在的魔法**。描述产品背后的技术、秘方或魔法。文本越少越好，图表、示图和流程图越多越好。通过这张幻灯片，你要使人们深信你的初创公司在技术上可行。

如果你有一个MVVVP、工作原型或样本，那么是时候将话题引于此。幸运的话，剩下的幻灯片不必再展示。正如谷歌的格兰·夏尔斯（Glen Shires）所说：“如果一张图片胜似千言万语，那么一个原型胜似万张幻灯片。”

• **商业模式**。介绍公司是如何赚钱的，包括谁付钱给你，你的分销渠道以及你的毛利率。一般来说，一个独特的、未经测试的商业模式会令人望而却步。如果你有一个革命性的商业模式，请用熟悉的商业模式来解释它。这时你可以列举一些已经在使用你们产品的公司名称。

• **上市计划**。介绍你们如何保有客户，总结你们的营销优势，以此来使观众确信，你们有一个有效且不会破产的上市策略。（别用“病毒传播”这类表述，因为这是一厢情愿的想法，而不是策略。）

• **竞争分析**。提供完整的竞争格局视图。此内容多好过于少。永远不要忽视你的竞争对手。每个客户、投资者和合作伙伴都想知道你为什么优秀，而不是竞争对手为什么不好。

• **管理团队**。介绍管理团队、董事会、顾问团以及主要投资者中的关键成员。如果你的团队不是一个完美的团队，那也没关系——如果你是思科或YouTube的联合创始人，你也不需要筹集资金。

你只需说明你与你所追求的市场相关的教育背景和工作经历即可。所有的初创公司都有漏洞——重要的是你是否明白漏洞的“存在”并愿意修复它们。

• **财务预测和关键指标**。提供一份三到五年的预测报告，不仅包括资金情况，还包括关键指标，如客户数量和转换率，进行自下而上的预测（请参见第4章“起步期要步步为营”）。你应考虑到较长时间的销售周期和季节性因素。让观众了解预测背后的基本假设和你制作的数据一样重要。

• **现状剖析、已有成就、时间轴和资金的使用情况**。介绍你的产品现状、未来发展趋势，以及你将如何使用你筹集的资金。与观众分享你冲劲十足和极具吸引力的细节故事，然后用此幻灯片结束演示，表明你更偏向实干。

关于流动性资金：没有企业家知道何时能够、如何能够以及能否拥有流动性资金。但许多人仍坚持用一张幻灯片，并写着："有两种选择可帮助我们获取流动性资金，即首次公开募股（IPO）或收购。"这毫无意义。如果投资者询问你的退出策略，这通常表明他并不懂创业。如果你用这两个选项来回答他，那说明你对此也一窍不通。

只有当你能列举出投资者从未听说过的至少三家收购方时，你才可以附上一张关于流动性资金的幻灯片，以表明你了解这个行业。相反，说"谷歌"或者你行业里的"谷歌"会收购你们会招致所有人的嘲笑，当然，除了最笨的投资者。

除了上述 10 张幻灯片外，你还可以更详细地介绍你们的技术、市场营销、当前的客户和其他关键策略。你最好提前准备好这些内容，以防有人请求你们进行更细致的介绍。但是，除非你被问及相关主题，否则不要展示额外的幻灯片。

2.20 分钟宣讲

大多数宣讲通常会持续一个小时，然而，你的宣讲应该在 20 分钟内完成。有以下三个原因：

• 如果你的笔记本电脑适配Windows系统，那么你可能需要40分钟才能调试好笔记本电脑与投影仪。如果你最近升级了Windows操作系统，那么你可能需要整整一个小时。

• 如果上一场宣讲超时，那你的可用时间就不足一小时，而且我从来没有见过宣讲能按时结束的。然而，你的宣讲往往必须按时结束，以恢复整个活动的进度。

• 你需要为讨论留足时间。无论是先演讲20分钟，再进行40分钟的讨论，还是边展示幻灯片边讨论，这两种模式都不重要。

或许你在想："盖伊提及的是那群乌合之众、无知者、傻瓜们，他们应该用 10 张幻灯片，限时 20 分钟来宣讲，但我们不必如此。我们有曲线跳跃的、范式转变的、先发优势的、正在申请专利的技术。”

我指的就是你。我不在乎你卖狗粮、终身寿险、纳米粒子、光学元件还是治疗癌症的东西，10 张幻灯片和 20 分钟宣讲是你能掌控的所有东西。

3.30 磅字体

这条建议适用于任何需要使用投影仪的宣讲。思考一下：大多数投资者年龄较大，视力也退化了。关于“字体大小”的经验法则是将最大投资者的年龄除以 2，然后使用得到的数字作为幻灯片字体的大小。另一个很好的经验法则是字体越大，演讲者的演讲就越好——史蒂夫·乔布斯使用的是 150 磅的字体，你可以使用 80 磅字体。

因为幻灯片的目的是引导而不是照本宣科，所以我们使用大尺寸的字体和少量的文本。幻灯片应该用来解释你所说的话并让你把握话题走向。因为人们的阅读速度比你说的要快，如果你放了太多的细节在幻灯片上，观众会在你说完之前完成阅读，而不会听你说话。

练习

假设每从你的宣讲幻灯片中删掉一个字，就有人愿意支付100美元。你的宣讲会会变成什么样子呢？

如果你不得不使用小号字体来呈现你的材料，那就说明你在幻灯片上添加的细节太多了。每张幻灯片应只描述一个要点，且所有的文本和项目符号都应该支撑这一要点。

6.5 掌握细节

在某些情况下，刀也可以将持刀人狠狠割伤……因此，你应小心地使用这把刀，因为你知道，刀并不在乎会砍向谁。

——斯蒂芬·金（Stephen King）

如果你遵循了“10/20/30”法则，那么你的宣讲将会比90%的企业家要好。但为了更接近完美，请掌握以下细节：

- **别读你的幻灯片**。请永远不要照本宣科。幻灯片上的文本只是你演讲内容的要点。你所说的话应是解释和润色这些要点的。

你真的认为从左下角淡入淡出的动画效果会为宣讲加分吗？

- **使用深色背景**。深色背景传达着严肃感和务实感，而白色或浅色背景看起来既便宜又业余。另外，盯着白色屏幕看20到60分钟（取决于你用的是哪种计算机）也会让人觉得很累。你见过在白色背景上使用黑色字体的电影谢幕吗？
- **将你的公司标识添加到幻灯片母页上**。每次宣讲都是为你的初创公司建立品牌知名度的机会，所以请把你的公司标识放在幻灯片母页上，这样，你公司的标识将出现在每张幻灯片上。
- **使用通用无下划线字体**。宣讲会并不是展示你累积了世界上最多字体的地方。请使用通用字体，因为有一天你可能会用别人的计算机来展示。另外，也请使用无下划线字体，因为比起你喜欢的精致下划线字体，它们更易阅读。使用Arial字体绝不会出错。

• **需要添加动画效果的是你的身体，而不是你的幻灯片**。PowerPoint演示文稿可为文本和图形添加60多种动画，其中有59种是多余的。许多企业家使用动画效果和幻灯片切换效果为他们的演讲添彩。但你真的认为从左下角淡入淡出的动画效果会为宣讲加分吗？请使用你的肢体语言来展示你的表达力、情感和热情，而不是使用PowerPoint的动画效果。

• **使用项目符号**。大多数企业家都不使用项目符号，他们会展示给观众大量的长文本并照本宣科，这是错误的。请学会使用项目符号罗列要点。即便许多企业家也使用项目符号，但他们会把要点一次性展现，使观众能够提前阅读，这也是个错误。请逐步展示你的要点：点击鼠标，展示要点一，解释它；点击鼠标，展示要点二，解释它；再点击鼠标，展示要点三，解释它。这是演示文稿中所需要的所有动画效果。

• **只使用一级项目符号**。使用多级项目符号意味着你试图在幻灯片上传递非常多的信息。每张幻灯片都应该只传达一个要点，并用一级项目符号来支撑这个要点。如果你遵守了“10/20/30”法则中的“30磅字体”部分，那么你就不会需要多级项目符号了。

• **使用图表和图案**。展示要点比展示文本块好，但展示图表更好。用简图介绍你的公司如何运作，使用曲线图来解释趋势和数值结果，然后通过点击鼠标在幻灯片放映中引入这些元素，就像引入项目符号一样。

• **制作可打印的幻灯片**。添加图表和图形有一个值得注意的地方。有时，这些图形对象会重叠，在这个过程中，它们可能会覆盖以前的图表。这在演示文稿时是可以的，但所打印的幻灯片文件并不能很好地显示所有内容，因此，请确保幻灯片文件在打印时也是没问题的。

6.6 请让代表发言

许多企业家认为，投资者投资的是整个团队，所以他们应该在宣讲时展示团队合作精神。根据这种推测，他们会让四五名员工都参加宣讲，人人都要发言。

"人人都要发言"的逻辑对学校戏剧演出来说是很棒的。父母和祖父母都能在演出中看到他们宝贝孩子的表现，台词越多则拍摄到孩子画面的机会也就越多。生活是美好的、公平的、平等的。然而，你的宣讲会并不是学校的戏剧演出。

在路演时，首席执行官应该完成80%的演讲。团队的其他成员（其他成员不得超过两人）可以展示一两张与他们特定专业领域相关的幻灯片。如果出现任何问题，他们也可以进行详细的解答。如果首席执行官不能独自处理宣讲的大部分内容，他应该多练习直到能够胜任，否则他应该被替换。

通常，当观众反问或反驳首席执行官说的话时，团队成员就会救场。例如，假设有观众想反驳销售产品的多层分销体系。这时，一位团队成员出于善意插话："我认为你是对的。思虑良久，我也认为我们应该直接把产品卖给消费者。"

这是多么糟糕的举动。这并不会显示出你思维灵活、演讲氛围包容度高或你的专业知识扎实。反而，它显示的是你的团队缺乏凝聚力。正确的行动是，团队其他成员什么都别说，只让首席执行官表达："你提出了一个好观点，稍后我们能和你深入探讨一下吗？"

6.7 飞抵1 000英尺高就停下

我保证，这是这本书中唯一用战争类比的地方。请考虑以下三种能产生致命杀伤力的方法：

- **B-1"枪骑兵"（轰炸机）**。这是一种执行洲际任务的远程轰炸机，能够穿透复杂的防御系统。它可以飞离地面3万英尺高。它造价2亿多美元。

如果宣讲是武器，很遗憾它们中的大多数是B-1"枪骑兵"或海军特遣队。

• **海军特遣队**。海军特遣队队员专门在敌方领土上执行突发的特殊任务。他们具有不同寻常的作战能力。他们能够实时监控目标、在海上攻击目标并从海里撤退。

• **A-10“疣猪”攻击机**。这架飞机是用于近距离空中支援部队的。它构造简单并且坚固。它的最佳飞行高度是1 000英尺。一架A-10“疣猪”攻击机的价值1 300万美元。

如果宣讲是武器，很遗憾它们中的大多数是B-1“枪骑兵”或海军特遣队。B-1“枪骑兵”式演讲高高在上，它的特点是宣讲空洞无意义、动画酷炫，使用“战略的”“伙伴关系”“联盟”“先发优势”和“专利技术”等专业术语。做宣讲的一般是一位有金融或咨询背景的工商管理硕士。

极客、技术迷和工程师则提供海军特遣队式的宣讲。他们会解释技术上的细微差别，并使用很多只有他们才能理解的缩略词。很明显，他们了解自己的每一种技术，但太热衷于给观众解释清楚这一切。

B-1“枪骑兵”式宣讲太高深，观众只想了解企业是做什么的以及为什么会成功，而不是了解大趋势和公司的狂妄野心。海军特遣队式宣讲又太低端，因为它关注的都是太过细节的内容。

正确的宣讲应是A-10“疣猪”攻击机式的。你的宣讲不应该太高深或太谨慎，就像嘴中衔刀那样。你只需给观众提供足够的细节来证明你会宣讲，以及描绘足够的蓝图来证明你已成竹在胸。

6.8 回答那个小矮人的问题

当车库科技公司的前同事比尔·乔斯（Bill Joos）开始他的职业生涯时，IBM 公司训练师训练他，让他想象有一个小矮人坐在他的肩膀上。在演讲中，每次比尔说什么，小矮人就会低声说："那又怎样？"

你也应该想象有个小矮人坐在你的肩膀上，并且聆听你所说的话，因为你所讲内容的重要性并不总是不证自明的，更不能说是令人敬畏的。每次你发表声明时，请想象这个小矮人在问你这个问题。

在你回答之后，接着就可以抛出宣讲中最有力的词语——"例如……"然后讨论产品的真实使用价值或使用场景，以展示产品特性。表 6-1 列举了一些例子。

表 6-1

你的陈述	小矮人的问题	你的回答	你的详细说明
我们的助听器使用数字信号处理技术。	那又怎样?	我们的产品提高了声音的清晰度。	例如，如果你在一个鸡尾酒会上，周围有很多人在交谈，但你能听到别人对你说的话。
我们提供128位加密的便携式设备。	那又怎样?	闯入我们的系统比入地狱还难。	例如，如果你在酒店房间里，希望与总部安全通话。
某某女士（大名鼎鼎的名人）是我们顾问委员会成员。	那又怎样?	我们正在做的事情很有趣，足以吸引顶尖人才。	例如，她已经为我们打开了她的行业大门。
我们的新学校使用蒙台梭利教育法。	那又怎样?	我们学校视孩子为独立个体，让他们能够进行独立自主的学习。	例如，我们让那些在某些领域有天赋的孩子能够先于其他学生学习。

6.9 不断地进行宣讲

熟悉你的宣讲内容。当你完全熟悉自己的宣讲内容时，你就能够最好地将其呈现。要实现这种熟悉程度没有捷径，你只能进行多次宣讲练习。

如果你在练习时很糟糕，那么你在正式宣讲时也会很糟糕。

重复 25 次是大多数人达到熟悉程度所需要的练习次数。这些练习并不一定是要面对你的目标受众，也可以是你的联合创始人、员工、亲戚、朋友，甚至可以是你的狗，他们都是很好的听众。

请不要抱有“不练习，到时候随机应变”的想法。史蒂夫·乔布斯介绍产品前都练习了好几个小时，更何况你不是史蒂夫·乔布斯。如果你在练习时很糟糕，那么你在正式宣讲时也会很糟糕，所以开始吧——如果有什么比梅尼埃病更糟糕的事，那就是引起梅尼埃病了。

练习

录下你自己的演讲视频。如果你能毫不尴尬地观看，那你便准备好了。

6.10 提供正确的数字

社会主义从未在美国扎根，因为美国穷人认为自己不是被剥削的无产阶级，而是暂时境况不佳的百万富翁。

——约翰·斯坦贝克（John Steinbeck）

投资者不会把公司的宣讲文稿摆满桌子，然后根据财务预测和回报率来选择投资目标。大多数提交给风险投资人的提案都是相似的。具体来说，他们都计划在第四或第五年的销售额达到 5 000 万美元。任何一个会制作 Excel 的人都可以得出这些理论结果。

一般来说，风险投资人需要三到五年的预测，以帮助他们做三件事：第一，了解你的业务规模；第二，检查你的商业模式的假设是否成立；第三，确定你需要多少资金。以下是三位著名投资者对他们在财务预测中寻找内容的描述。

• 莫汉吉特 · 乔利（Mohanjit Jolly）——德丰杰投资。“我在寻找一个五年期预测报告，它包括可以预见性地在前几年公司发展时的一些详细的假设。后几年的预测报告则更多的是将收入增长作为衡量企业家是否有远大抱负的指标，以及对关键驱动因素的理解，如资本集约度、公司总人数增长等。总的来说，财务状况更像是一种‘勇气检测’——公司能否在合理的时间内成长到足够强大，以提供我们所期望的回报？这些潜在的假设是合理的吗？”

• 道格 · 里昂（Doug Leone）——红杉资本。“信不信由你，初创公司的财务状况已经变得无关紧要了。”道格的回答是这样的，所以我问道：“那么将一份商业计划书向红杉资本推销时，人们甚至根本不必提及它，你对此一点都不在乎？”对此，他回答说：“在初创公司里我一点都不在乎它。我们关心的是市场有多大，需要建设多久，有多少工程师，实用情况和参与度等。”

• 伊恩 · 索比斯基（Ian Sobieski）——天使团队。“我知道我的早期投资资金无法满足他们五年的财务预期，但我仍然希望企业家能足够详细地展示他是如何思考公司发展的。这不是科学，而是企业家试图用数据绘制的印象派油画。然后我想看看这个计划是如何分解成可证明的假设和实验的，这些假设和实验允许企业家在公司发展的过程中测试模型的各个部分。各个部分是商业计划中的自然转折点，在这些位置可以建立支点，它们也是不同轮融资（A、B和C系列）的自然场所。”

关键是，投资者并不是在寻找包含所有可能项目的详细财务预测。他们寻找的是关乎全局的东西，并试图了解你对公司发展而做的各种假设。

改善预测的一种方法是自下而上，而不是自上而下进行财务预测。首先，让我们回顾一下错误的方法：从上层得到一个巨额数字，再乘以一个容易获得的市场份额。让我们把这个方法应用到卖狗粮上。

（1）根据人道协会的数据，美国有 8 500 万只狗。

（2）每只狗每天吃两罐狗粮。

（3）因此，市场需求总量为每天 1.7 亿罐。

（4）保守假设，每天可以获得 1% 的市场份额，即出售 170 万罐。

（5）再假设每一罐狗粮价值 1 美元。

（6）保守估计，公司每天将收入 170 万美元。那就有 6.2 亿美元的年收入。

现在，让我们来看看正确的方法，即自下而上从零美元开始，并估计你可以接触并维系多少客户。

（1）使用每一个搜索引擎技术，优化合作伙伴关系和社交媒体技术，每月可以有 5 万名访问者访问你的网站。

（2）1%，即 500 人将购买这个月需要的 60 罐狗粮，所以月收入是 500 人 ×60 罐 ×1 美元 / 罐 =30 000 美元。

（3）你可能会获得更多的访问者，并提高成交率，但现实基线的是，每月 3 万美元或每年 36 万美元。

36 万美元与 6.2 亿美元相差甚远。也许 36 万美元听起来太悲观了，但你的实际结果更接近 36 万美元，而不是 6.2 亿美元。

6.11 披露一切

如果你的公司有不能立即处理的污点，请尽早在筹资过程中向投资者披露。你越晚披露，就越难披露，就越会损害你的信誉。

例如，车库科技创投公司曾经投资过一家公司，该公司披露一位潜在投资者与该公司签订了咨询协议。这份协议在融资结束前几天才被曝光。这个投资者一边购买股票，一边通过提供咨询服务接受公司的股票和现金。而在此之前，没有其他投资者有过类似的做法。

当其他投资者发现这一协议时，这笔交易几乎宣告失败。如果该公司早些时候就全面披露，并解释为什么那么做对每个人都有意义（事实上，确实如此），事情就会变得更加顺利。但很遗憾，一个高价值的投资者因为这最后一刻的问题而选择离开。

如果你的背景中有对你不利的经历，比如你曾经历过创业失败或在一家失败的公司工作过怎么办？试图隐瞒这一事实是没有用的，因为投资者会发现它。不管事情的真相是什么，把失败归咎于任何人或其他任何东西，如市场、其他员工、客户，尤其是投资者，都是一种糟糕的做法。我的建议是：你要道歉。也就是说，你要为失败的原因承担尽可能多的责任，并承认你的过错。老练的投资者认为这样的诚实品质令人钦佩，许多投资者都给失败过的企业家投资过。因此，重要的是，你要从失败中吸取教训，并渴望再试一次。

6.12　闭嘴、记笔记、总结、复述和跟进

很少有人因为不说话变得无趣。

——玛丽·洛瑞（Mary Loury）

我曾经陪同一家初创公司的首席执行官和首席运营官向一名风险投资人做宣讲。宣讲结束几天后，我偶遇了那位风险投资人。当我们开始讨论管理层时，他说："我注意到首席执行官讲了很多话，首席运营官坐在那里记笔记。首席执行官什么都没写。我认为首席运营官是个优秀的人。"

记笔记的行为表明："我觉得你很聪明。你说的话值得写下来。我愿意并且渴望学习。我是认真的。"

我不记得那位风险投资人在会议上说的话是否值得别人记笔记，但这不是重点。闭嘴、记笔记、倾听这些有助于改进的方法，都是在宣讲中很好的表现，因为即使是最微小的动作也能给人留下深刻的印象。

记笔记的行为表明："我觉得你很聪明。你说的话值得写下来。我愿意并且渴望学习。我是认真的。"记笔记具有以上这些好处，再加上你记录下的信息的价值——再好不过了。

另外，在会议结束时，总结你听到的内容并重复一遍，以确保你得到了正确的信息。然后，在一天之内，完成你在宣讲时允诺的所有事情，如提供额外的信息等。

6.13 从头重写

二战后，许多美军吉普车被赠送或出售给菲律宾人民。这些被称为吉普尼（Jeepneys）的车辆被菲律宾人改装，以增加其载客量。他们还用野性的颜色对其加以装饰，让它们变得很漂亮，但无法辨认出以前的样子。一些吉普车甚至被改装成梅赛德斯。

过了一段时间，许多宣讲就开始像这些汽车一样。它们一开始只是一些基本的、实用的文档，但企业家根据潜在投资者的反馈不断编辑和修补，每次会议都会带来更多的编辑、修复和补充，直到最后根本无法识别它最初要传达的基础理念。

我的建议是，在你进行了 5 次左右的宣讲后，你就应该丢弃你的宣讲文稿，重新开始。让这个 2.0 版本反映你所学到的东西，而不是让它像拼凑起来的被子。

6.14 先演讲，再计划
——为什么在这本书中没有关于商业计划书的一章

我已经不看五年计划了，我只看发言陈述。

——道格·里昂（Doug Leone），红杉资本

根据大英图书馆的说法，在凯尔特神话中有一些神奇的容器，可以“满足所有人的口味和需求。”这些神话后来演变成了圣杯的传说。直到最近，对企业家来说，商业计划书等同于圣杯。

过去，企业家写了一份商业计划书，然后基于计划制作了幻灯片。他们认为商业计划书是最重要的，而宣讲只是辉煌商业计划书的一个子集。商业计划书应该满足所有阅读者的口味和需求，并产生神奇的效果——具体来说，就是不可抗拒的投资冲动。

这是一种过时的想法，圣杯式的商业计划书仍然是不可实现的，而且只是神话。实际上，写商业计划书的日子已经一去不复返了。很少有老练的投资者一开始就去阅读你的商业计划书——每个人都想听你的陈述，而不是你的计划。

对于刚刚起步的公司来说，你所需要的只是用 PowerPoint 或 Keynote 的演示文档来演讲。潜在的投资者不太可能会向你要一份商业计划书，即使会要，他们也已经在没有商业计划书时确定了是否投资。

很久以后，当你在上市前进行夹层融资时，你可能需要制定一份商业计划书，但那时，你就得让投资银行家和律师写些废话来掩盖你的糗事了。

附录 A 修改你的宣讲文稿

我是恩斯顿（Enthrill）公司的顾问。恩斯顿公司为图书出版商提供了一种通过实体零售商销售电子书的方式。该公司的首席执行官凯文·弗朗科（Kevin Franco）请我修改一下他为2014年卡尔加里社群展准备的90秒宣讲文稿。我现在提供的是他的初稿，以及我是如何编辑的（说得委婉点），以此向大家展示如何进行有效宣讲。

1．修改前（我对凯文提供的修改建议用“$.02”进行特殊标注，是粗体加斜体文本）

大家好，我叫凯文·弗朗科。我是恩斯顿公司的联合创始人兼首席执行官。

我们正在寻求75万美元的股权资本，以帮助我们的电子书分销技术商业化。***$.02：不要给出具体数字。如果有人想投资200万美元怎么办？***

当今出版业最大的问题之一是“围墙花园”带来的障碍。***$.02：“围墙花园”很多人都不清楚，除非他们真正熟悉出版。虽然我对该行业很熟悉，但我也不明白你的意思。***

亚马逊（Amazon）、苹果（Apple）、科博（Kobo）、巴诺（Nook）和索尼（Sony）都无法将各自销售的电子书发送到其他公司的设备上以提供电子书阅读服务。这就限制了出版商只能采用“店销书”模式进行销售，而这只占整个出版销售总额的小一部分。***$.02：有多少人会理解“店销书”的意思？***

恩斯顿公司已经解决了这个问题。我们的技术可以为各种类型的设备提供电子书阅读服务。我们有两个应用程序可以帮助出版商销售电子书。

（1）B2B 销售（也就是向企业大量销售电子书）。***$. 02：我完全理解出版行业，我也完全理解 B2B 的意思，但我依然要试图确定 B2B 在出版行业中的含义。***

（2）零售销售（也就是连锁零售业中的电子书销售）。

在 B2B 领域，我们看到了全球超过 40 亿美元的空白销售市场，供出版商使用我们的 SaaS 模式（软件即服务）。***$. 02： 什么是"空白销售"？你现在的陈述让我想到："嗯，关于让出版商卖书的 SaaS 是什么呢？哦，你的意思是，恩斯顿公司是 SaaS 模式，而这个模式不是出版商将会做的。但是 SaaS 就像 Salesforce. com。恩斯顿公司与 Salesforce 有何相似之处？这家伙到底在说什么？"***

在零售领域，我们看到了巨大的商机，出版商通过电子书礼品卡销售数字内容，利用实体零售商的流量占领爆炸式增长的礼品卡市场。

几周后，恩斯顿公司将正式将我们的技术推向市场。沃尔玛将在其加拿大所有的商店中推出一个由恩斯顿公司提供技术支持的在线电子书店和恩斯顿店内电子书礼品卡计划。在圣诞节期间，恩斯顿公司将在加拿大的 1 000 多家商店销售电子书礼品卡。***$. 02：3/4 的内容都已经结束，最后变得有趣了。这大错特错了。***

我们已经与哈珀柯林斯（HarperCollins）、麦克米伦（Macmillan）、哈勒昆（Harlequin）、学术出版社（Scholastic）和更多的出版商，以及沃尔玛（Walmart）、塔吉特（Target）、西夫韦（Safeway）、航空英里（Air Miles）、玩具反斗城（Toys "R" Us）、家庭硬件（Home Hardware）、通信（InComm）、黑鹰网络（Blackhawk Network）和 CMMI 签订了合同。

我很乐意与你一对一地见面详谈，以便进一步交流这个商机。

2. 这是我写的，代替他发给我的版本

我叫凯文·弗朗科。我是恩斯顿公司的联合创始人和首席执行官。我们可

能是这次活动上唯一一家与沃尔玛签署、盖章和即将推出服务的公司。

几周后，沃尔玛的购物者将能够从哈珀柯林斯、麦克米伦、哈勒昆和学术出版社等出版商那里买到电子书。你们对礼品卡应该很熟悉。（此时举起一张礼品卡。）我们的产品类似，但里面没有现金，只能购买某本特定的书。

人们为电子书购买卡片，回家，上网，输入卡片上的代码，然后下载他们需要的电子书，或者把它们作为礼物送给他人。如果没有我们的技术，出版商就不能通过实体店提供电子书。他们完全依赖亚马逊、苹果、科博、内诺和索尼的在线销售渠道——你知道他们对此的感受。

我们的产品是“三赢”产品。出版商之所以喜欢我们，是因为亚马逊和其他零售商不再控制他们的电子书分销渠道。沃尔玛和零售商之所以喜欢我们，是因为他们可以开拓电子书市场，而不仅仅是专注于纸质书市场。同时，我们的卡片占用的空间更小，所以零售商可以提供更多的图书。此外，与运送满货板的纸质图书相比，处理礼品卡的退货也更容易。

人们喜欢我们是因为他们在购物时，能了解新的电子书情况。

哦，还有一件事……我们已经和塔吉特，西夫韦，玩具反斗城和家庭硬件签订了合同。到圣诞节时，恩斯顿公司的电子卡将在加拿大1 000多个地区销售。

3．从我的重写中得到的教训

- 强有力的开场白。如果你要和沃尔玛这样的巨头做生意，你应该大声疾呼。从你最好的消息开始。
- 减少行业术语。用最简单的语言告诉人们你在做什么、如何做，以及你的客户是谁。
- 说出所有大牌合作方。如果你和其他大牌也有关系，也把它们说出来。观众正在寻找你会成功的证据，大牌客户对实现这一目标大有帮助。
- 激发想象。请注意，不要出现行业收入和市场规模的具体数字。像这样的解决方案会吸引更多出版商，你不必成为一个数学家就能知道很多电子书的销量可观。
- 强有力的结尾。正如史蒂夫·乔布斯曾经所说的“还有一件事……”，为最后保留一些很好的东西。

附录B　如何在商业计划竞赛中胜出

世界各地的组织都在举办商业计划竞赛，以促进创新和培养企业家。好的一面是，由于存在截止期限，竞赛迫使企业家团结起来。企业家在竞赛中通过模拟创业团队来积累经验。

而坏的一面是，商业计划已不再必要，所以商业计划竞赛使用了错误的模式。它应该组织商业宣讲比赛。我曾做过许多商业计划竞赛的评委，一般情况下，我只看第一份执行摘要，然后听了宣讲再投票。

另一个问题是，这些竞赛旨在让初创公司吸引投资者。在我看来，这种对引资的强调对企业家是有害的。比起让初创公司以选美比赛的形式吸引投资者，更重要的是让创业项目在现实生活中具有可行性。

例如，如果不以拥有成熟管理团队和成熟技术的成熟市场为目标（这是大多数投资者都在寻找的三种品质），参加商业计划大赛的选手就可能对投资者没有吸引力。但在未经验证的市场中，未经验证的团队和未经验证的技术往往会组建出史诗般的初创公司。

在现实世界中，可行性比可融资性更重要，原因有三：第一，你需要很少的启动资金，因为一切东西都是免费或便宜的，如基础设施、营销方法和工具；第二，众筹可以提供高达几十万美元的现金，如果你的初创公司不需要资金，即使你的初创项目不是最值得投资的也没关系；第三，创业最难的部分是实现生存，而不是筹集资金。如果初创公司不可行，即使你拥有资金最充裕的初创公司又怎么样呢？

我无法证明赢得商业计划或商业计划竞赛是件坏事，因为具有可见性总是件好事。这些比赛是商业计划的最后堡垒，所以你可能需要写一个商业计划书来参加这些比赛，但最终的评判是基于你的宣讲。因此，为了赢得这些比赛，你应该专注于你的宣讲。

练习

不断练习，直到你厌倦了你的宣讲。很少有人能够即兴发挥，而你是其中一员的可能性为零。

你会在第1分钟左右就决定输赢。

• **直击重点**。在开始的30秒内解释你的产品是做什么的，在第二个30秒内解释它所解决的问题或痛点。你会在第一分钟左右就决定输赢。请记住：像F18大黄蜂战斗机一样直击要害，而不是像波音747那样缓慢。

• **讲故事**。针对你为什么对你的产品、服务和行业感兴趣，给出合理的理由。像“我的女朋友想在网上出售她的玩具收藏品”这样的故事已经受到了很多投资者的支持。

• **激发想象**。不要试图通过引用统计数据和咨询报告来证明你的产品有巨大的市场。其他团队也会这么做。讲述一个非常引人注目的故事，让评委在他们的脑海中想象你的巨大潜力。

• **使用大字体**。评委可能年纪大了，看不清幻灯片上的小字体。此外，因为可能有很多观众，所以坐在后面的人也要能看清楚你的幻灯片。

• **使用大图形**。如果你的竞争对手使用小号字体且不用图标，那么请你换个方式——尽可能多地使用图形和照片且尽可能少地使用文字。屏幕截图也有着很强大的作用，因为它们会让你的想法看起来更真实。

• **做足功课**。你要提前知道评委是谁。请找出所有你能找到的关于他们的信息，然后调整你的宣讲。这样做的明显好处是可以让你的演示文稿更切题，可能还会有一个额外好处——评委会看到你足够聪明和勤奋。

• **减轻你对团队真实情况的扭曲**。顾名思义，如果你参加了这些比赛，说明你和你的团队可能没有令人心动的简历。尽力减少缺点并不会让你产生优势。你只需要表明你的背景与你的公司业务是相关的即可。

• **再多练习一些**。

附录 C　企业家的十大谎言

投资者通常每天会见两到三家初创公司，再查看另外四到五份执行摘要。每一家公司都声称拥有一个独特的、惊天动地的机会，拥有成熟的团队、成熟的技术和成熟的市场。没有一家公司会声称自己是一群不知道自己在做什么的失败者。

为了那些听多了这种老掉牙谎言的投资者，也为了那些因说这些谎言而伤害自己的企业家，我整理了企业家们的十大谎言。请研读它们，这样你至少可以说一些新的谎言。

（1）“我们的预测是保守的。”你的预测是保守的，但你声称到第三年将赚 1 亿美元。那么，该公司将成为人类历史上发展最快的公司。事实是，你根本不知道自己的销售额会是多少，我希望有一天能有一位企业家告诉我：“我们的预测额是凭空捏造的。我们想让它高到让你感兴趣，但也足够合理以至于让我们看起来不像白痴。我想，在我们发布产品前以及在它被市场接受前，我们是真的不知道销售额会是多少。”至少这位企业家是诚实的。

（2）“专家说我们的市场在五年内将达到 500 亿美元。”别指望引用这样的数据来打动投资者。从来没有人会说：“我们正处于一个糟糕的小市场。”每个人都说同样的话。激发想象则要好得多。

（3）“亚马逊下周将与我们签订合同。”这样的“吸引力”是好的，它能使你的初创公司变得更有投资价值。但在合同签订之前，它是没有实质的约束力的。如果投资者在下一周询问合同，你仍没有签署，你就会有信誉问题。五年来，我从未见过按时签订的合同。请你在完成合约签订之后再来谈论亚马逊和你的交易。

（4）“一旦我们得到资金，关键员工就会加入我们。”我就直说了吧，你们是初创公司，你们试图筹集几十万美元，你们的产品还有一年才能完成，而你却说这些知名人士打算辞去年薪 25 万美元，外加奖金和优先认股权的工作来加入你的公司？当投资者联系这些据说即将加入这家公司的关键员工时，他们的回答往往是：“我模糊地记得在一个鸡尾酒会上见过那个 CEO。”因此，如果你要撒这个谎，请确保这些潜在的员工已经准备加入。

（5）“一些投资者已经在进行尽职调查。”也就是说，“如果你不赶快，别人就会给我们投资，你就没有机会了。”这在非理性繁荣时期很有效，但在其他时期，这是一种可笑的策略。事实上，听众的想法是，你已经向其他一些投资者推销过了，但他们还没有时间拒绝你。投资者之间的相互了解可能比你对他们的了解还要多。他们可以打电话给他们的朋友，看看另一家公司对你有多大兴趣。要摆脱这个谎言，你最好是虚张声势或者非常抢手，否则你没有机会对抗投资者的关系网。

（6）“微软太老、太大、太笨、太慢，不可能构成威胁。”微软、甲骨文、苹果、脸书……选择一家成功的公司开刀。许多企业家认为，通过发表这样的声明，他们可以让投资者相信他们的勇气，证明他们可以击败一个实力强劲的竞争对手，建立竞争优势。事实上，他们所展示的是他们对如何建立一个成功的企业的天真想法。当你我还在西南航空公司嚼花生时，像拉里·埃里森（Larry Ellison）这样的人能让圣何塞机场为他的私人飞机开放那么久是有原因的。这并不是因为他的公司又老又大、又笨又慢。对投资者来说，与一家成熟的公司竞争已经够可怕了。不要通过诋毁这样的竞争对手来显示你有多愚蠢。相反，你应该解释如何通过服务不同的细分市场来避免竞争，或者避开竞争。如果没有别的，承认你正在进行一个高风险和困难的冒险，至少表明你意识到挑战的重要性。

（7）“专利使我们的业务站得住脚。”专利并不能使业务站得住脚。它们可能会提供暂时的竞争优势，特别是在材料科学、医疗设备和生物技术公司领域内，但仅此而已。无论如何，如果可以的话，你都要申请专利，但是除了给母公司留下好印象之外，不要太依赖它们，除非你有时间（几年）和金钱（数百万）上法庭。在与投资者交谈时，提到你的技术具有专利性的最佳次数是一次。零次是不好的，因为它意味着你没有任何所有权；而不止一次则意味着你没有经验。

（8）“我们所要做的就是获得 1% 的市场份额。”这就是风险投资人所说的“中国苏打水”谎言。也就是说，“如果只有 1% 的中国人喝我们的苏打水，我们就比人类历史上的任何一家公司都成功。”这种推理方式存在一些问题：

第一，让 1% 的中国人喝你的苏打水并不容易；第二，很少有企业家真正追求一个涉及中国所有人的大市场；第三，在你之前进来的公司对其他市场说了类似的话，你之后进来的公司也会这么说；第四，一家只追求 1% 市场份额的公司并不是那么有趣。

（9）“我们有先发优势。”这个谎言至少有两个问题。第一，它可能不是真的。你怎么知道没有其他人在做你正在做的事情？一般来说，如果你在做一件好事，其他 5 家初创公司也在做同样的事情。如果你在做一些伟大的事情，其他 10 家初创公司也在做同样的事情。第二，先发优势并不像人们说得那样好。做一个快速的第二名可能更好——让别人率先提出这个概念，并从他们的错误中吸取教训，然后超越他们。

（10）“我们有一个世界级的、久经考验的团队。”在这种情况下，“世界级”和“已久经考验”的可接受定义是创始人在之前的公司为投资者创造了巨大的财富，或者他们在备受尊敬的大公司担任职位。在一家成功的公司担任小角色，或者在麦肯锡（McKinsey）担任顾问，或者在一家投资银行工作了几年，这些都不算一个成熟的创业背景。

练习

把这些谎言告诉你的朋友，并且让他听你的演讲。你说过多少谎言？如果超过两个，你的练习就不合格。

常见问题解答

Q：如何让我的宣讲令人印象深刻？

A：做令人印象深刻的宣讲并不难，但问题并不在此，且不管现实如何，许多公司的宣讲都令人兴奋，因为他们承诺公司拥有先发优势、专利技术、500 亿美元的市场以及经过验证的高度积极的天才团队。

真正的问题是，所有的宣讲刚开始听起来都一样，因为他们都提出了相同的主张。你可以通过一些基本的方法来让人记住你的演讲，如一个简短的（10张幻灯片，20分钟）的演讲，用一个引人注目的故事来说明你是如何解决真正的困难或发现一个有吸引力的机会的。

你还可以做一件事：制作一个炫酷得令人头脑爆炸的演示视频，这样你就一点也不用担心你的幻灯片了。事实上，视频播放结束后，因为有太多的论述，你可能再也不会回到幻灯片的演讲上了。

请想象你的听众参加了一天的无聊会议，每个人都勉强醒着，更不用说专心听了，人们只想回家。通常情况下，这就是你将要面对的，所以要做好准备。

Q：我应该把我的宣讲文稿印成彩色并装订好送给投资者吗？

A： 花花绿绿的垃圾依然是垃圾。我会担心更重要的事情，比如上面的内容是否有效传递，而不是印刷和装订。

Q：我要提前把我的演示文稿发给与会者吗？

A： 不要。一份好的演示文稿通常只包含一些片段式的文字（用大字体），如果没有引人入胜的口头陈述，与会者可能很难理解上面的内容。

Q：我要在会议开始时分发我的演示文稿吗？

A： 不要。如果你在一开始就这么做，人们就会提前阅读后面的内容，因为他们的阅读速度比你说话的速度快。然而，如果不分发演示文档确实会让听众觉得难记笔记，所以另一种策略是在会议开始时分发演示文稿，但要求人们不要提前查看后面的内容。

推荐阅读

Nesheim, John. *High Tech Start Up: The Complete Handbook for Creating Successful New High Tech Companies*. New York: Free Press, 2000.

Reynolds, Garr. *Presentation Zen: Simple Ideas on Presentation Design and Delivery*. New York: New Riders, 2008.

第7章

团队组建的策略

雇用、信任和奖励那些在观念、能力和判断方面与你截然不同的人，这很重要，也很罕见，因为要做到这些，你需要非凡的谦逊品质、忍受力和智慧。

——迪伊·霍克（Dee W. Hock）

几乎没有什么工作比招聘优秀人才加入一家炙手可热的初创公司更令人兴奋，也几乎没有什么成功因素比优秀人才更重要了。应聘者仅具备为你的初创公司工作的资格还不够。他们还必须相信你的产品，因为为初创公司工作更像是一种信仰，而不是一种谋生方式。本章将讲解如何组建一支优秀的团队。

7.1 忽略无关因素

世界上缺少优秀的员工。因此，基于不相关的考虑而做出招聘决定是愚蠢的（而且在很多地方是违法的）。建立团队的艺术需要超越种族、信仰、肤色向和宗教等。我甚至会加上一条：把眼光置于正式的教育和工作经历之外。相反，我们应该关注以下三个因素：

- 应聘者能做好需要做的事情吗?
- 应聘者相信你所追求的事业吗?
- 应聘者讨人喜欢并且值得信赖吗?

苹果、谷歌、脸书、推特和微软的早期员工不会自动成为优秀的初创公司员工。

许多人过分强调候选人的正式经验和背景。有时，候选人是否拥有完美的相关背景，都不是他能否胜任工作的关键，因此，忽略这一点反而更好。

- **在成功的初创公司的工作经历**。那些在成功的初创公司工作过的员工不一定对该公司的成功有所贡献。倘若苹果、谷歌、脸书、推特和微软的早期员工在其他初创公司工作，他们不一定是该公司的优秀员工。首先，在这个阶段，他们可能太富有了，不想再努力工作了。
- **在大公司的工作经历**。在大公司的工作经历并不是在创业环境中能够成功的可靠预测指标。每种环境下所需的技能是不同的。谷歌（拥有成熟的品牌、无限的资源和80%的市场份额）的副总裁可能不是运营初创公司的合适人选。
- **在失败的公司的工作经历**。这正好与拥有在成功的初创公司或大型公司的工作经历相反。导致公司失败的因素有很多，这位应聘者或许是其中之一，也或许不是。然而，失败往往是比成功更好的老师，尤其是在你损失的是其他公司投资给你的钱的情况下。
- **教育背景**。你想要的是聪明人，他们不一定是高学历的人。这两者是不同的。史蒂夫·乔布斯没有从里德学院毕业；美国在线（AOL）的创始人史蒂夫·凯斯（Steve Case）去了普纳荷大学（Punahou）（这是夏威夷当地人都知道的一个笑话）；苹果公司麦金塔计算机部门中一半的工程师都没有完成大学学业；我也从法学院退学了，斯坦福商学院拒绝录取我。
- **在同一职能部门的工作经历**。在同一职能部门的工作经历也是一把双刃剑。苹果公司曾经从卫生棉行业聘请了一位高管，因为当时我们认为需要包装产品方面的营销专家，能够像销售卫生棉一样销售苹果电脑。然而，他的成功经验并没有活用到计算机业务上——这是显然易见的事。但对初创公司来说，只有像会计这样的职位需要特定的技能，而其他许多职位，挑选“最佳运动员”般的专业对口人才是有效的。

• **在同一行业的工作经历**。同一行业的工作经历是另一把双刃剑。一方面，熟悉行业，处理相关工作就会轻车熟路；另一方面，如果应聘者对某一行业形成思维定式（如“计算机制造商无法运营自己的连锁店”），就会成为一个问题。同样地，考虑挑选“最佳运动员”般的专业对口人才需要方法。

招聘时还有个要忽略的因素——缺点。你不会说史蒂夫·乔布斯的强项是富有同情心，你也不会说比尔·盖茨的强项是美学设计。但你会因此而不聘用下一个史蒂夫·乔布斯或比尔·盖茨吗？这里有两个理论：

• 寻找没有明显缺点的候选人（即使他也没有明显优点）。

• 寻找具有明显优点的候选人（即使他具有明显缺点）。

第一个理论是有逻辑缺陷的，因为每个人都有明显的缺点——问题在于缺点是什么。在一个领域里表现出色已经够难的了；而要寻找全能的人才是不可能的任务。

第二种思路是可行的。在员工人数少、裁员空间小的早期阶段，初创者想要的是一支具有不同优势的工作团队。高成就者往往有明显缺点，没有明显缺点的人往往是平凡的。

练习

回想你最开始的几份工作，判断以下描述正确与否。

• 我完全符合该职位的任职条件。

• 我对应聘者的要求比之前雇用我的人要求还要高。

7.2 适时夸大你的期望

要让你雇用的所有人都明白，在初创公司工作不同于他们过去所习惯的工作（如果他们来自大公司），也不同于电影和情景喜剧（如果他们经常看电视）。

对前者，你需要问：“你能坐经济舱吗？能在没有秘书的情况下工作吗？能住廉价汽车旅馆吗？”你可能会吓跑一些有潜力的应聘者，但为了避免招聘到的员工无法适应在创业环境中工作，冒这个险是值得的。适用于大公司工作者的技巧与适用于初创公司工作者的技巧如表 7-1 所示。

表 7-1

适用于大公司工作者的技巧	适用于初创公司工作者的技巧
奉承老板	自己当老板
产生账面利润	产生现金流
避免职责集中	抢占滩头阵地
更新产品	创造新产品
市场调研	运输货物
缩减分销渠道	建立分销渠道

对后者来说，你要告诉他们，创业不是打乒乓球、吃免费食物、参加有趣的派对和快速走上致富之路。而现实是：初创公司需要 4 到 5 年的长时间工作，薪水很低，而且总是担心资金用完。这还是一切顺利的情况。

7.3　收集足够的数据

你将会遇到两种必须运用直觉的招聘场景。

第一种，应聘者的经历和学历不太合适，你团队中的其他成员会抱怨你不应该雇用他。你理性的一面说：“不要雇用他，他没有合适的履历。”但你的直觉告诉你：“抓住他。”

第二种，应聘者的经历和学历看起来很完美，你团队的其他成员催促你雇用他。你理性的一面说：“抓住他。”但你的直觉告诉你：“不要。”

你应该用背景调查来判断候选人是否优秀，而不是确认你已经做出的选择。

传统观点认为，在这种情况下，你应该相信自己的直觉。不幸的是，直觉往往是错误的——也许你喜欢某个应聘者是因为他外貌的吸引力，或者你们是校友，或者他和你有共同的爱好，所以你在面试和背景调查中表现得很温柔。也许你对直觉太过依赖，因为通常你记得的都是直觉对的情况，而忘记了直觉错的情况。以下是帮助你做出正确决定的方法。

1. 结构化的面试

在进行面试之前，你和你的团队应该确定这个职位所需要的态度、知识、个性和经历。不要让员工进行非结构化的面试，因为他们认为自己对人有很好的判断能力。

2. 询问工作的具体情况

岗位适配度和眼缘很重要，但能力也很重要。在你决定是否喜欢她之前，要先确定她能否胜任这份工作。例如，对于招聘营销副总裁，以下这些都是很好的问题：

- 你以往是如何做产品介绍的？
- 你以往是如何定位新产品的特点的？
- 你以往是如何说服工程人员去实现产品的这些特点的？
- 你以往是如何选择公关公司的？
- 你以往是如何选择广告公司的？
- 你以往是如何应对危机情况（如产品瑕疵等）的？

3. 坚持按照计划来

尽量减少临场发挥的问题。为了采集求职者的回答样本，以便进行准确的比较，你需要让他们回答相同的问题。

4．进行电话初次面试

打电话进行初次面试，是为求职者创造一个公平竞争环境的方法之一。这样可以减少其他因素的影响，如外貌、着装等。

5．避免感情用事

一个还算过得去的求职者可以虚张声势地回答诸如“你为什么想在这家初创公司工作？”你询问更尖锐的问题可能会更好：“你最引以为傲的成就是什么？”“你最大的失败是什么？”“你最满意的学习经历是什么？”再强调一次，我们首先考虑的还是应聘者的能力。

6．人岗适配

谨防因误判而雇用一个讨人喜欢但不称职的应聘者。同时要警惕因漏报而拒绝一个不那么讨人喜欢但有能力的人。例如，最好的工程师不一定是有魅力的，有魅力的人不一定是最好的工程师。

7．做笔记

在面试过程中做笔记，以便记住每个应聘者说了什么。不要依赖你的记忆，因为随着时间的流逝，你的主观反应将使你很难准确和公平地评估候选人。

8．尽早进行背景调查

许多公司会查看他们已经拟录用候选人的参考资料。这是一个自我实现的预言，因为在那个时候，你想听到的是对自己的绝定肯定的评论。那就大错特错了。你应该把背景调查作为判断候选人是否优秀的手段，而不是用来确认已经做出的选择。（更多关于背景调查的提示见本章末尾。）

9．使用领英

应聘者会提供推荐人，他们的推荐人会为他们说好话（尽管你可能会感到惊讶），但你可以通过领英找到应聘者的前同事。这可以为考察应聘者提供更全面的视角。

参与招聘过程的美妙之处在于，它的严格和标准化的特点将帮助你获得更好的信息，这可以提高你的直觉，然后你便可以跟随你的直觉。按照直觉行事对我很有帮助（当然，我的记忆是有选择性的），如果我告诉你仅仅依靠事实就做出了招聘决定，那我就是个伪善的人，因为苹果雇用了我，去宣传公司历史上最重要的产品，而在此之前，我只是一个有心理学学位的珠宝商。

本书的早期试读者询问了更多关于我被招聘到苹果公司的信息。故事细节是这样的，苹果公司雇用我是因为我的大学室友迈克·贝尔奇（Mike Boich）做了这个决定。理论上，苹果公司没有理由雇用我作为第二个软件宣传者。当史蒂夫第一次面试我时，他告诉迈克："我喜欢他，但他没有相关的工作经历，除非你用你的工作打赌，否则我会拒绝。"

7.4 竭尽所能

无论情况好坏，都很难雇用到最有能力的员工，所以你要准备好竭尽所能。大多数人认为，他们的招聘法宝仅限于工资、股权和福利，但其实你可以提供更多，例如：

- **你的视野**。对很多人来说，金钱并不是最重要的动机因素。若能做有意义的事并且改变世界，他们愿意以更少的报酬做更多的事情。
- **你的团队**。不要把面试限制在应聘者的直接主管和同事的范围内。如果你有董事、顾问和投资者，把他们加入面试过程中，以便吸引应聘者。
- **丰富简历**。事实上，很少有人在整个职业生涯中都在一家公司工作。让应聘者花几年的时间在你的公司里丰富他们的简历并没有什么错。而且，他们在你身边的时间可能比你预期的要长。

7.5　说服所有决策者

为初创公司工作很少是一个单独的决定。虽然更多开明的雇主也会考虑应聘者的配偶，但候选人的决定过程通常涉及复杂的人际关系网。

他们的关键决策者可以包括候选应聘者的父母、朋友和同事。很容易想象，一个年轻人问他的父母他是否应该去初创公司工作，却被告知："不要。风险太大了。找一个好的、安全的、长久的公司工作，如雷曼兄弟、安达信或安然。"

因此，询问应聘者所有重要的决策影响者是谁，然后回答他们可能关心的问题。然而，请注意，有些应聘者可能会认为这是一个陷阱问题："如果我承认我父母是我做决策的一部分，他们会认为我是一个懦夫，不会雇用我。"这时你要尽力向应聘者保证，这是为了增加成功招聘到你喜欢的应聘者的概率。

7.6　耐心等待

很多初创公司都会犯这样的错误——在招聘过程中过早地发送录用通知。他们把它当作一个稻草人，把薪酬细节写在上面，以表示他们对应聘者的兴趣，并尝试尽早达成此事。这是错误的做法。

录用通知应该在招聘结束时发出。这不是一种让应聘者同意来公司工作的谈判工具，而是一种确认她已经口头同意的方式。把录用通知当作求婚，当你知道答案是肯定的时，再去求婚，而不是用它来表明你的心迹。

7.7 读懂谎言

艾米·韦尔内蒂（Amy Vernetti）现在是 True Capital 的合伙人，她在 Garage 工作的时候，列出了求职者最喜欢说的十大谎言，如表 7-2 所示。好好研究，它能帮助你避免在招聘上犯错误。这是一份终极谎言列表，所以如果你的求职者告诉你与之不同的谎言，至少他是有创造力的。

表 7-2

谎言	真相
我已经拿到了另外三个录取通知，所以你最好快点。	我已经参加了三次其他公司的面试，还没有一个公司直接拒绝我。
我负责公司与谷歌的战略联盟。	我接触过谷歌寄来的联邦快递信封。
我将在几个月后离开现在的公司，因为公司的实际情况与CEO告诉我的不符。	我不知道怎么做尽职调查。
我从来没有在一家公司工作超过一年，因为我很容易感到无聊。	人们花了一年左右才发现我是个笨蛋。
我在原来的公司不用向任何人汇报工作。	没有人想要我进她的部门。
我的大多数推荐人都是我的朋友，因为他们最了解我。	我工作过的公司没人愿意给我写推荐信。
你从没听说过我的前三个雇主，因为他们行事低调。	我工作过的所有公司都倒闭了。
我已经不在那家公司工作了，但我和那里的人保持着良好的关系。	我不得不签一份禁止贬低公司的协议，以便拿到我的遣散费。
我是副总裁，但没人向我汇报。	我被迫辞职。
我希望到手薪资至少是之前公司薪酬的两倍。	我在前公司薪酬过高，并且知道为了一个好的工作机会，我可能得降低薪酬。

7.8 进行“购物中心测试”

在此之前，对应聘者还需进行一项测试：购物中心测试。它源于我在斯坦福购物中心的一段经历，当时我看到一位苹果公司麦金塔计算机部门的软件开发人员，他并没有看到我。我突然掉头，避免和他说话，因为他是个讨厌鬼。这次经历让我产生了“购物中心测试”的想法。

人生苦短，你不必与你讨厌的人一起工作，尤其是在初创公司中。

测试过程如下：假设你在一个购物中心。你看到一个应聘者，他还未注意到你。这时，你可以有以下三种选择：

- 过去打个招呼。
- 如果你恰巧迎面撞见，也行。如果没有，那也没关系。
- 上车，去另一个购物中心。

不管你的直觉是什么，反复确认你的直觉，我要告诉你的是，只雇用那些你会急着去找并与之交谈的人。如果你发现自己选择了第二个或第三个，那就不要招聘了。人生苦短，你不必与你讨厌的人一起工作，尤其是在初创公司中。

（顺便说一下，如果你在面对一个已经被录用的人时选择了第二个或第三个，那你要么解决这个问题，要么解雇他。）

7.9 定义初始审查期

尽管你竭尽所能，但你的招聘过程（或你的直觉）仍然存在某些错误，新员工的表现与你的预期不符。对我来说，最难的任务之一就是承认这个错误并改正它。

然而，比解雇你不想要的员工更难的是解雇你想要的员工。如果你不调整方向或解雇那些没用的员工，在创业失败时，你不得不解雇那些有用员工的概率就会增加。

于公司和员工而言，为了使这个过程更容易（因为让员工停止为不适合的公司工作也是正确的），你应该建立初始审查期，设立阶梯式的里程碑目标，目标越具体越好。例如，销售人员的工作目标可能包括以下内容：

- 完成产品培训。
- 完成销售培训。
- 完成五次销售电话回访。

初始审查期长于招聘后的好印象持续期，但短于你产生不满的情绪期时，你就要思考："我们为什么要雇用这个人？"

简单来说，将初始审查期定为 90 天即可。

与员工建立共识，即 90 天之后，双方将进行一次联合评估，讨论哪些地方做得对，哪些地方做得不对，以及如何提高绩效。有些问题可能是你的错。

7.10 不要认为你的招聘已经结束了

2000 年，Garage 从一个大公司招募了一位著名的投资银行家。他们花了几周的时间，进行了两轮讨价还价来争取这个人，因为他当时的雇主提高了他的薪酬。

最后，我们争取到了他。后来，他和他的家人还一起参加我们公司的烧烤聚会，一切都很好。几周后，他开始在我们公司工作。他上了几天班后，打电话请了病假。一天深夜，我收到他的一封电子邮件，他说要辞职。

他离开了 Garage，为之前投资银行的一位客户工作。几个月后，他又回到了原来的雇主那里。通过这件事，我明白了永远不要以为自己的招聘结束了。招聘不会在应聘者接受录用通知时停止，也不会在他从现在的公司辞职时停止，更不会在他为现在的公司工作最后一天时停止，甚至在他进入你的公司之后也不会停止。招聘永远不会停止。

每天都是初创公司和员工新合同的开始。

附录　背景调查的艺术

你无法依靠将要做的事来建立声誉。

——亨利·福特（Henry Ford）

背景调查是招募优秀团队的关键环节。然而，大多数初创公司都是在公司做出招聘决定后草草而为。在艾米·韦尔内蒂的协助下，我提供了关于背景调查的短小教学，可以改善你的招募结果。

背景调查不是为了取消应聘者的任职资格，而是确认候选人的表现与他的推荐人所言是否一致。你也可以在背景调查中寻找线索，来确认这个人是否对你的初创公司有用。

为了获取一个求职者的完整信息，你至少应该和他的两名下属、两名同事、两名上级、两名客户进行交谈。应聘者目前公司的投资者或董事会成员的意见也是有趣的参考。以下是建议你提的问题：

- 你认识他多久了？你了解这个人多少？
- 你对他的大概印象是什么？
- 你认为他在同职位人中排名如何？
- 他为公司做出过什么贡献？
- 公司里其他人怎么看他？
- 他有什么具体技能吗？他最大的优势/劣势是什么？
- 他的沟通与管理风格是什么样的？

• 他在哪些方面还需要进步？
• 他能在小公司里有效地发挥作用吗？
• 你对他的职业道德有何评价？
• 你还愿意雇用他/被他雇用/与他共事吗？
• 关于他的事，我还应该和谁谈谈？

除了艾米的建议，你还应该主动从应聘者没有提起的人那里获得信息。领英在这方面就很好用。找到该公司里认识应聘者的同事，通过其同事了解这位应聘者。

常见问题解答

Q：我应该向应聘者坦白地介绍公司的优势与劣势吗？

A：我直说吧，你在考虑是否应该对应聘者撒谎，因为你知道如果他们接受了这份工作，他们最终还是会发现你的公司很烂。

请实话实说，降低他们的期望。对你的坦诚，你会遇到的回应有如下三种：

• 一些应聘者对任何问题只需要诚实地评估。他们很有可能只是想知道他们所面临的情况，你的坦诚不会把他们吓跑。

• 一些应聘者想要接受挑战。对他们来说，问题就是机会。你应该告诉这类人："像你这样的人会使我们走向成功，你愿意站出来做个英雄吗？"

• 第三类应聘者会被你吓跑。这种人不太适合创业，所以你其实是帮了自己。

Q：如果我们只有几个雇员，外界会不会觉得我们公司不景气？为了使雇员在人数上看起来好看，有六个兼职员工比有三个全职员工更好吗？

A：为了让公司看起来更大而雇用六个兼职员工，这不理智。如果你这样做是出于其他目的，如提供灵活的工作时间来招到更好的人，这是可以接受的，但不能是出于这样一个愚蠢的目的。

Q：招聘 CXO（高管）级别人员的合适时机是在获得融资之前还是之后？

A：很多人认为创业过程是序时性的。但记住，创业是一个平行的过程。你要同时做很多事。该问题的答案是，你在融资过程之前、期间和之后都要招聘。

然而，当投资者告诉你，如果你有一个“世界级”水准的高管，他就会投资你的公司时，别陷入这种陷阱。如果你先招募这个人，然后再去找投资人，那么投资者可以再附加测试——“干得好，现在让我们看看是否有客户在为你的产品付费。”这样做的教训是，不要为了让投资者高兴而招聘。招聘的目的是让初创公司更强大。

Q：我是花钱请猎头公司进行预付费式的人才搜索，还是依靠自己的能力吸引最优秀的人才？

A：在融资之前，你的工作是利用自己的人脉，在不付费的情况下找到合适的人。在获得资金后，做任何你必须做的事——包括预付费式的人才搜索。但是在获得融资之前，不要付钱给猎头公司去招聘员工，因为你没有资金支持你这样做。

Q：在招聘初期，如果应聘者问到薪资，我是否应该给出一个薪资范围？

A：不。如果你被问到这个问题，你可以这样回答：“为了得到一个优秀的人才，我们愿意付出一切。”然后问他：“你目前的薪资水平是多少，这样我们就能知道从哪里开始了？”这也在教他们如何提出尖锐的问题。

在面试刚开始就提及这些数字还为时过早。应聘者会记住你说过的话，尤其是薪资范围最高点。不管你说多少钱，都可能影响应聘者的回应。

Q：如果我的目标是招聘比我更优秀的人，我应如何保持对企业的控制权，并避免被自己的企业免职？

A：这个提问更多地反映出你自身的问题，你的目标不应该是“保持控制权”或“避免免职”。你的目标应该是建立一个伟大的初创公司。也许有一天你应该拱手让出职位。接受它，难道你宁愿一直掌控一个失败的初创公司吗？

Q：我和我最好的朋友一起合作。我需要和他签署一份法律协议吗？

A：是的，当然，正因为他是你最好的朋友，所以更要如此。时代在变，人也在变，公司更在变。虽然这件事看起来困难，但你必须这么做。这样一份合法的协议可能对你们的友谊和你们的创业都是最好的保障。

你应该在创业之初就签署协议，以免日后爆发争执。你等得越久，达成这份法律协议就越困难。日后在你最需要它时，也最难提出这份协议。

Q：对我的董事会成员来说，什么是合理的激励和补偿？

A：这个范围通常是公司收益的 0.25% ~ 0.5%，但是对于巨星级别的成员来说，我愿意支付公司收益的 1%。如果该应聘者需要高于此范围的薪酬，那就换其他人。因为这个人对赚钱更感兴趣，而不是做有意义的事。

Q：当你不得不解雇一个合伙人，而正是这个合伙人构思了这家公司，请你来帮忙经营且信任你，但现在他已经力不从心了，你该怎么做？

A：你和他私下谈谈，解释情况，可以给他选择，让他去扮演一个小角色。你很清楚这样的变动是必要的。

一个小角色可能意味着担任不同的职位，或者只在董事会或顾问委员会任职。你要尽量保证他的尊严。在大多数情况下，这场谈话会引发争吵。此外，你也许要花好几年才能修复你们的关系，但事情就是这样。

推荐阅读

Lewis, *Michael. Moneyball: The Art of Winning an Unfair Game*. Waterville, ME: Thorndike Press, 2003.

Myers, David G. *Intuition: Its Powers and Perils*. New Haven, CT: Yale University Press, 2002.

第 8 章

布道宣传的策略

与其把新戒强加于人，（基督徒）倒不如与人分享喜乐，指出美的境界，邀请他人一同出席美味的宴席。

——教皇 方济各（Pope Francis）

“布道”（Evangelism）一词来源于希腊语，意思大概是“宣布好消息”。我曾是苹果公司的第二任软件布道师，我所宣布的好消息是——麦金塔计算机可以让人们更富有创造力和生产力。

> “当人们信任你的产品时，他们便会通过‘改教’的方式来帮助你达到‘临界规模’，而且这种方式是可靠、持续、低成本的。”

你可别把布道与打败竞争对手、发财致富混为一谈。客户不会在意你是否想要摧毁竞争对手。他们想知道的是，使用你的产品能获得什么好处。而且，布道关乎你为你的客户做了什么，而不是你想成为什么。

在苹果公司的经历，还有后来作为一名创业者的经历让我懂得了一个道理——当人们信任你的产品时，他们便会通过“改教”的方式来帮助你达到“临界规模”，而且这种方式是可靠、持续、低成本的。本章将介绍如何运用“布道”的艺术，以及如何招募布道者。

8.1 点金术

我曾有为出色产品布道的经历，也试过为“垃圾货”布道。相比之下，为好的产品布道要容易得多。我把这叫作“点金术”。但这并不代表我触碰的任何东西都会变成金子。虽然我希望如此。实际上它的意思是：只要是金子，人们就会去触碰它。

虽然我先前已经解释过DICEE产品的概念，但在这里，让我们再回顾一下。如果你想运用“布道”的艺术，那么你需要创造出或找出一个产品，它需要集合 DICEE 的五个特质：

- **深度**。一款有深度的产品拥有很多功能，客户之所以能成为超级用户，是因为你已经提前预见了他们的需求。
- **智能**。一款智能化的产品，反映了你的想法——关于如何减轻用户的不适感或增加他们的愉悦感。
- **完备**。一款完备的产品，包含了客户所需要的一切，如客户服务与支持、各类文件凭证，以及一系列的改进说明。
- **强大**。一款强大的产品让用户受益良多。出色的产品从来不会与用户作对，相反它们会成为用户的好帮手。
- **简约**。一款简约的产品不仅功能齐全，而且在设计上也很出彩，它的操作简单，人们上手很快。

8.2 兼顾差异化与价值

换另一种方式来理解和定位“为产品布道”，那就是兼顾差异化与价值，如图 8-1 所示。

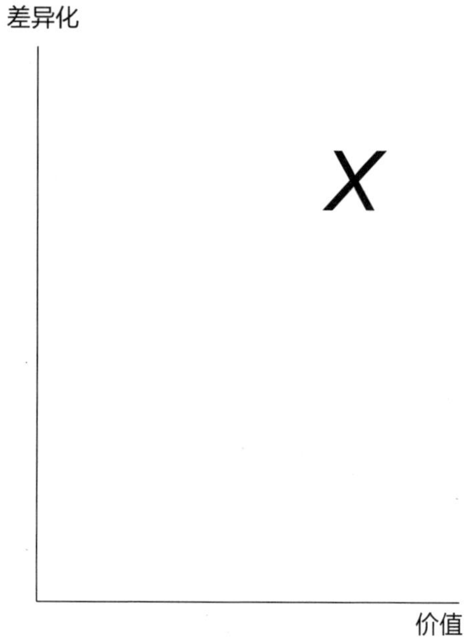

图 8-1 兼顾差异化与价值

纵轴衡量的是差异化的程度，横轴衡量的是价值。产品可分为以下四种类型，而你需要的是独特且有价值的产品。

- **有价值，但没有差异性**。这些产品满足了一定的需求，但它们与现有的产品太过类似。你可以卖出很多这样的产品，但你要想从中获利，就会倍感压力，因为人们可以从其他公司购买到类似的产品。
- **有差异性，但没有价值**。这些产品太愚蠢了，它们服务于一个压根不存在的市场，或者说，它们提供一些没有人需要的功能。
- **没有差异性，也没有价值**。这是所有产品中最糟糕的一类。他们无法满足人们的需求，而且多家公司都在生产类似的产品。
- **有差异性，也有价值**。这是“布道”的“圣杯”。当你提供的产品别人都提供不了，并且它还很有价值时，“布道”就很容易了。这就是图8-1中右上角处所代表的意义，即当产品既有差异化，也有价值时，获得利润自然不在话下。

如果你是一名工程师，你应该考虑，如何制造出一个其他公司都无法制造且有价值的产品。如果你是一名布道师，你应该思考，如何说服全世界都相信这个产品是有价值的，并且不同于市场上的其他产品。以下是一些例子：

- **百年灵紧急求救腕表**。这只手表可以传送飞机接收到的紧急求救信号。能救命的手表为数不多，它算其中之一，所以如果你是一名硬核冒险家，对你来说，这款手表就是与众不同且很有价值的。

- **奔驰与斯沃琪合作制造的smart汽车**。当有充足的停车空间时，很多车都能轻松做到平行于路边停车。然而，这款车可以垂直于路边停车。仅需占用极少停车空间的车可不多。

- **特斯拉Model S车**。特斯拉Model S车的最大续航里程可达到275英里，能够在4秒以内完成从0到60英里/小时的加速，并能容纳5人。如果你想要一辆不烧汽油的车，可以带着家人来一场速度之旅，并且想开多远就开多远，那么特斯拉Model S车是你的不二之选。

8.3 牢记他人的最大利益

与大多数人不同，布道者往往把他人的最大利益牢记在心中。布道者非常信任自己的产品，所以他们希望其他人都能来使用它。关于这一概念，我用特斯拉 Model S 车的例子来进行说明。大约在 2014 年，艾奥瓦州政府禁止特斯拉向当地居民出售汽车，因为特斯拉在该州并非特许汽车经销商。于是，远在明尼苏达州的那些特斯拉车主们，便开车到了艾奥瓦州的厄本代尔，邀请艾奥瓦州的居民欣赏并试驾他们的车。这些车主不是特斯拉的员工，除非你说他们是股东，否则他们可无法从这次行动中获得经济利益。

即使他们是股东，如果说他们的主要动机是提高特斯拉的股价，对此我也持怀疑态度。我反而认为，这些人是特斯拉的布道者，他们之所以这样做，是因为他们想让人们买一辆他们喜欢的车。这，就是布道的力量。

8.4 实现人性化

想想这些知名品牌：维珍（Virgin）、李维·斯特劳斯（Levi Strauss）、耐克（Nike）、哈雷·戴维森（Harley Davidson）和Etsy网站。他们都做到了人性化，如维珍的魅力、李维·斯特劳斯的青春、耐克的勇气、哈雷·戴维森的叛逆，以及Etsy网站的匠心独运。

可以肯定的是，有些品牌知名度很高，但它们并未表现出我提到的以上品质，如微软、甲骨文和美国联合航空公司。可以说，我是一个浪漫主义者，我认为如果一款产品扎根于人类的价值观，那么为它布道会容易得多。到底该如何实现人性化，如果你认同我的观点，可以看看以下建议：

- **瞄准年轻人**。"瞄准年轻人"能让你的品牌充分满足普罗大众的心理需求。现在很多年长的人，似乎都在购买面向年轻人的产品（虽然我没有数据来证明这一点），举个例子，有许多头发稀疏的老人开的车是丰田赛恩和宝马的迷你库珀。
- **自嘲**。大多数公司都不会开自己的玩笑。他们认为这样做无异于自杀，"如果我们不把自己当回事，人们就不会把我们当回事"。或者说，他们对自我形象的过于关注，导致情况一旦无法完全掌控，就会陷入惶恐不安中。俗话说"人无完人"，不要害怕犯错，用自嘲的语气跟你的新公司开个玩笑吧。
- **玩得开**。大概是在2014年，某家市值约达4 000亿美元的公司为了庆祝周年纪念日、庆祝一群志同道合的有趣员工能有幸在一起共事，给它旗下的员工放了一天假，并在当天更换了公司的徽标。这多有趣，多人性化啊！

还有另一个更好的例子，理查德·布兰森（Richard Branson）曾打赌输给了亚航的老板托尼·费尔南德斯（Tony Fernandes）。因为赌输了，布兰森不得不剃掉腿毛，涂上口红，扮成一位空姐，在亚航航班上服务乘客。你见过美联航的首席执行官穿裙子吗？甚至，你还能认出哪个是美航的首席执行官吗？

• **把客户当作一大亮点**。在营销素材中，有些公司会把客户当作一大亮点，这样的公司很有人情味。还有比GoPro更好的例子吗？它在自家网站及YouTube频道上投放出一些客户拍摄的视频，这一举动似乎在告诉所有人，你们都可以用GoPro相机拍摄出一个很棒的视频。

• **扶弱帮困**。公司发展慈善事业，可以说是一举两得——不仅履行了对社会的道德责任，而且提高了品牌的知名度。发展慈善事业，实际上还有另外一个好处，那就是有助于公司聘用及留住员工。

练习

打开你最喜欢的公司的网页，试着找到其中关于如何申请资助，如何申请成为公司志愿者的信息。

8.5 打造个性化

对狗而言，人人都是它的拿破仑，因而狗能一直博得人的宠爱。

——阿道司·赫胥黎（Aldous Huxley）

我曾经遇到过一位企业家，她想推出宠物信托在线服务。她之所以提出这一想法，是基于美国的一个现实情况——每年会有900万只宠物被实施安乐死。

听了她的想法，我的第一反应是，虽然每年可能会被处以安乐死的宠物高达900万只，但这其中由于主人去世而有这样遭遇的只占少数，所以这个市场并没有她想象的那么大。但我的第二反应是，作为一名狗主人，我觉得她是对的——如果我和我的家人都不在这个世上了，那么我的狗狗，贝恩和泽西该怎么办？我们还没把它们列入遗嘱和信托中。

> 产品定位若是个性化的，就能发挥出更强大的力量。因为比起其他人，由潜在客户去想象一个产品如何满足一种需求要容易得多。

你需要打造产品个性化定位。“贝恩和泽西该怎么办？”这样的发问要比“美国每年250万失去主人的宠物该怎么办？”更有冲击力。如果你把一些人对宠物的切身关切与他们本人联系起来，那么这些人就会用自己的情感体验，去揣摩其他成千上万的爱宠人士的感受。产品定位若是个性化的，就能发挥出更强大的力量。因为比起其他人，由潜在客户去想象一个产品如何满足一种需求要容易得多，表 8-1 是总结出来的一些经验。

表 8-1

非个性化	个性化
我们的操作系统符合行业标准，能够令管理信息系统部门保证控制能力，并减少成本。	苹果公司："我们的操作系统可以让您更富有创造力和生产力。"
我们致力于减少全球臭氧空洞的面积。	我们可以帮助您预防黑色素瘤。
我们有几十条航线，呈"枢纽模式"，遍及整个美国。	美国西南航空公司："您现在可以在整个美国自由旅行了。"
我们提高了住在这一片学区里的孩子们的测试平均分。	我们可以保证让你的儿子掌握良好的阅读技能。

8.6 学会搭讪

你知道多少，或者你认识谁，这都不重要。重要的是，谁认识你。

——苏珊·罗恩（Susan RoAne）

向一个你已经认识的人布道，或者更准确地说，向一个已经认识你的人布道，要容易得多。建立这种社会关系的过程被称为搭讪。

如果你正在犹豫是否前去搭讪——要么是你很害羞，要么是你认为这样的行为会冒犯到别人，认为它是一种试图操纵别人的行为——那么你就需要改变你的观念了。在达西·瑞扎克的《青蛙和王子：改变你一生的积极交流秘诀》（*The Frog and Prince: Secrets of Positive Networking to Change Your Life*）一书中，他将人际关系网（即我们所说的"搭讪"）定义为"发现你可以为别人做些什么"。

没有人能比一个好的倾听者更迷人。

世界上一流的搭讪行家都采用了瑞扎克提出的那种向外的态度，即“我能为你做些什么”。这种态度是建立广泛、持久关系的关键。基于这些，下面我将提出一些让更多的人了解你的方法。

• **外出社交**。搭讪是一项接触式运动。你在办公室里待着，就无法完成这项运动，所以督促自己去参加贸易展览、各类大会、研讨培训会、讨论会以及鸡尾酒招待会等。尽管各种社交软件十分美妙有趣，但外出和许多不同的人见面、交谈、握手仍是搭讪的最佳方式。

• **问一些好问题，然后闭嘴**。好的搭讪者并不主导对话。他们会提出一些有趣的问题，以此作为交谈的开端，随后便开始倾听。没有人能比一个好的倾听者更迷人。

• **让联络变得容易**。这听上去很讽刺，但许多想要成为（或已经成为）好的搭讪者的人，旁人经常很难联系到他们。就比如，这些人在名片上不印手机号码，或者在电子邮件的签名处不留自己的联络方式。

• **持续跟进**。在与某人见面后的24小时内，持续跟踪进度。你可以发送电子邮件，可以给她打个电话，可以给她寄一本你的新书。很少有人能在会面后继续保持跟进，所以这样做的人往往与众不同，他们能让别人意识到，他们值得结交。

• **释放你的热情**。如果你只会谈论你的工作，那你就是个无聊的人。好的搭讪者对各种各样的兴趣都充满热情。这样的热情所带来的一个好处是，它另外提供了一些与人建立关系的途径。为了给你的事业带来好处而去培养一样业余爱好，这并非我想表达的意思。以我本人为例，我高尔夫球打得相当差，但是我通过曲棍球认识了很多商业伙伴——并且我还通过商业伙伴认识了很多喜欢打曲棍球的朋友。

• **给予帮助**。天上有个记分牌，是拿来记录人的因果报应的（更多信息请参见第13章）。这个记分牌会记录下你为人们做了什么。如果你想成为世界上一流的搭讪行家，请确保你在记分牌上有个不错的得分。

8.7 学习如何使用电子邮件

我这封信写得比往常长了些，只因我没有时间将它缩短。

——布莱士·帕斯卡（Blaise Pascal）

对于一个好的布道者来说，电子邮件是布道的关键工具。它速度快、几乎免费，而且无处不在。遗憾的是，大多数人不太会使用它。

关于如何提高电子邮件的处理效率，使其成为一个强大的布道工具，以下是一些可供参考的建议。

- **优化你的主题**。人们在收到你的电子邮件后，如果没能认出是你发的，他们就会去看你的邮件主题。请把邮件主题看作你所发信息的执行摘要。如果你的主题无法吸引人们阅读你的电子邮件，那么还没开始，你就已经失败了。这里分享一些我认为很有效的主题："喜欢你的书""喜欢你的演讲""我跟某某（我认识或听说过的人）聊起过您"。
- **选择在周二发送邮件**。欧林工程学院的创业学教授史蒂芬·布兰德（Stephen Brand）提出了一个有趣的概念——周二早上是发送电子邮件的最佳时间。这是因为，到了周二，人们已经完成了上周末积压的工作，并且，他们还没收到本周余下几天的繁重任务。
- **重新发送未收到回复的电子邮件**。史蒂芬·布兰德的另一个观点是，如果你的电子邮件没收到回复，可以尝试再发一次，并附上一句简短的留言："你能抽空看看这封邮件吗？"史蒂芬·布兰德认为，如果一个人收到同一封电子邮件两次，他可能会因为不耐烦（或是内疚感）而回复你的邮件。
- **四十八小时内回复他人的邮件**。就像我之前说过的，给予回复是巩固关系的一个重要因素。趁你对邮件的主题还记忆犹新，回复吧。除了收件箱所显示的第一页，这之后的消息通常都会被遗忘。
- **不要全部用大写字母（当邮件内容为全英文时）**。全用大写字母的文本阅读起来会更困难，并且收件人会以为你是在咆哮。撇开其他不谈，如果你全部使用了大写字母，无疑会让人觉得，关于该怎么使用电子邮件，你压根摸不着头绪，这可不利于搭讪成功。

• **引用回复**。对你要回复的电子邮件，你可以选中相关问题或某部分内容，并将其引用，之所以这样做，是为了能唤起发件人的记忆。人们每天会收到几十封邮件，如果你只是简单地回复一句“是的，我同意”，那么它将起不到任何作用。

• **简明扼要**。减少废话，开门见山。对电子邮件而言，最合适的篇幅是五句话。如果你不能在五句话里传达你想要表达的，那么就算你说再多也无济于事。

• **使用纯文本格式，而不是HTML格式**。我认为HTML格式的邮件是垃圾邮件，我看都不会多看它们一眼。如果你要说点什么重要内容，你不需要通过加粗、下划线、阴影、标红以及插图的形式来呈现。

• **除非对方同意，否则附件别超过5MB**。试想一下，收件人正坐在酒店房间里，房间里的网速很慢，而你却在给他发送的邮件中附上了10MB的PowerPoint文件。你觉得你能收到积极的回复吗？而且，许多人还会认为在陌生人发来的邮件中的附件文件会携带病毒。

• **群发邮件要秘密抄送**。当你需要发送电子邮件的对象超过两人时，你应该选择秘密抄送，如果你明面上群发的话，每个人都可能会觉得自己被怠慢了，但秘密抄送的形式就可以避免这样的情形，而且还不会透露别的收件人的邮箱地址。

• **减少抄送人数**。当我收到一封抄送邮件时，我想的是，其他人是不是正在处理这个事情了。因此，不管一个人是否是邮件的主要收件人，抄送的形式都会让他拿不准主意，因而站到中间立场上去。发送一封抄送邮件最常见的目的有两个：一是为了明哲保身（“我可是抄送给你了”）；二是为了起到暗中威胁的效果（“我抄送给你的老板了，所以你最好按照我的要求来做”）。

• **一个好的签名**。打开你的电子邮件软件，在你发出的每条电子邮件信息的结尾处，那个位置所包含的信息就是签名。一个好的签名向他人提供了你的姓名、单位、邮政地址、电话号码、电邮地址以及网址。万一你的收件人在日程表或数据库中需要用到这些信息，那他只需要复制粘贴一下即可，这招很实用。但如果你在签名处什么也不写，那就等同于，有人想和你有更多的联系，但遭到了上帝的阻挠，于是这些人只得四处寻找关于你的信息。

• **有情绪时先等一等**。虽然你应该在48小时内回复电子邮件，但有一种情况除外，就是当你愤怒、感到被冒犯或想吵架的时候。当你受这些坏情绪影响时，你所写的电子邮件往往只会使问题恶化。

8.8 寻求帮助

至此，已经介绍该如何运用布道的艺术，接下来我们要讨论的是该如何招募布道者。

首先从“向你的客户寻求帮助”这一话题开始。告诉他们你想要达到“临界质量”，你需要他们的帮助来进行宣传。这是智慧的象征，而非软弱。

如果你的产品极具感染力，你甚至都不需要寻求帮助——客户可能已经开始为它布道了。麦金塔计算机就是这样。但如果你真的向客户提出了请求，你能得到更快、更多的帮助。然而，许多公司在寻求客户帮助这件事情上犹豫不决。

• 如果我们寻求了帮助，人们会认为我们实力弱。一家强大的公司从不向客户寻求帮助。

• 人们会想要一些回报，如折扣、特殊待遇等。那时候我们该怎么办呢?

• 尽管我们很爱我们的客户，但他们帮不了我们。我们知道该做什么，我们可以自己做。

• 维持这种特殊项目的花费太高了，这可不划算。

这些理由简直是把虚伪、愚蠢和傲慢都集齐了，真是讽刺。当客户想帮助你时，你应该感到高兴，而不是拒绝他们。所以，管住你的偏执和傲慢，接受帮助吧。布道者将会是你最好的销售员。

8.9 创造一个社群

20世纪90年代末，一群商人和社区领袖创立了一个名为“卡尔加里火焰大使”的组织。这群人是卡尔加里火焰队的球迷，之所以创立这个组织，是因为害怕他们国家的冰球联盟球队会搬到另一个城市去。据该组织的主席莱尔·爱德华兹（Lyle Edwards）所说：“我们在卡尔加里奔走，呼吁人们多多买票。”

不要挑剔“布道者”是如何帮助你的。接受他们的帮助，不管方式如何。

大约在2014年，火焰队在球票销售上不再需要什么帮助了，但是该社群仍在活动。该组织中的成员都是志愿服务的，具体包括了支持社区项目、赞助在场馆入口处举行的见面会，以及帮助球票销售等。所有成员都必须购买季票——换句话说，他们是付费粉丝，但免费提供志愿服务。这，就是布道的艺术！

招募布道者的目标是，围绕你的产品建立一个社群。以下列表中的公司就拥有这样的社群。看看他们在做什么，你也可以根据自己的需要，来改动他们的计划。

- Adobe团队。
- 苹果用户团队。
- Articulate。
- Flipboard 俱乐部。
- 谷歌安卓开发团队。
- 谷歌顶级贡献团队。
- Harley车主团队。
- HubSpot用户团队。
- UbuntuLoCo团队。

这些社群提供了客户服务、技术支持和社会关系，使客户拥有一个产品成了一种更好的体验。你可以通过实施以下行为来主动创建一个社群。

- **"让百花齐放"**。这一原则既适用于布道，也适用于"求雨"。不要挑剔"布道者"是如何帮助你的。接受他们的帮助，不管方式如何。他们会向你展示你永远不会用到的宣传方法。

- **布置任务，并且对任务的完成有所期待**。你是否有过这样的经历：曾经自愿帮助过一个组织，然而所提供的帮助从未被接受过？如果说有什么比"被要求做太多"更糟糕的话，那一定是"什么都不要求你做"。如果布道者已经报名，想要参与你的事业，那么你应该做到知人善用，这是你的责任。

- **给予布道工具**。通过提供成堆的信息和宣传材料，让信徒们可以轻松地帮助你。例如，以"高科技"为标签的SCOTTeVEST制衣公司，在他们的每件服装中都放有几张信息卡。这些卡片标有客户姓名以及购买凭证，还附上了如何购买他家产品的信息。

- **回应他们的需求**。你对产品的改良，要能反映出布道者的愿望，这么做的原因有两个：第一，他们知道如何让你的产品变得更好；第二，这表明了你在倾听他们的意见，这会培养出他们更大的忠诚和热情。

• **给他们一些东西**。你会惊讶于一件免费T恤、一个咖啡杯、一支钢笔或一本笔记本的力量。有一次，苹果曾一年花费200万美元制作专属T恤。布道者喜欢这些东西。这让他们觉得自己好像是团队中的一员，而且很特别。这笔钱花得很好，但永远不要赠送任何花费超过25美元的东西，因为这会让礼物和贿赂之间的界限变得模糊。

• **聘请专人来培养社群**。在公司内安排一个人，专门负责处理社群需要，此人需要是你和你产品的拥护者，他不仅要招募其他布道者，还要领导大家争取必要资源。如果你找到了这样的一个人，围绕这个人建立一个部门，使社群支持得以制度化。

• **为布道者留出预算**。这个预算不需要太多，目的不是让你花钱去收买布道者，但你仍然需要支付差旅费、娱乐消遣、会议活动和那些东西的预算。

• **将布道者整合到你的销售、市场营销和在线服务中**。布道者的存在就是高品质和个性化的代表——这款产品非常成功，以至于人们为它形成了用户群。因此，你应该宣传这一点，以帮助你完成销售，并为你的客户提供额外的资源。

• **招待社群成员**。这意味着你要让成员用你的办公场所举行会议，并且还要提供数字协助，如用你们的网站举办在线研讨会和线上聊天。

• **召开一次会议**。没有人会比我更喜欢网上交流的形式，但面对面的会议对布道很重要。在这些会议上，布道者可以见面，并且可以与你的员工进行互动。

• **伙伴关系的维护**。有效的布道模式就好像好父母和孩子之间的关系。你的孩子永远是你的孩子，他们永远不会离开家。布道者也是一样，他们需要频繁而又长久的关爱。

附录A　如何让全场人员起立鼓掌

不要说话，除非你能打破缄默。

——豪尔赫·路易斯·博尔赫斯（Jorge Luis Borges）

1986年，我开始在苹果公司工作，那时我害怕公开演讲的一个原因是，在史蒂夫·乔布斯管理的部门中工作着实令人生畏，我时常会想：“我该怎么样才能达到史蒂夫的期望呢？”但如果想成为一名成功的布道者和首席执行官，我必须学会如何发表演讲。

如果你有想要表达的内容，那么发表一个精彩的演讲就不是难事。

我花了20年的时间才能自如地进行公开演讲，这一节我将会阐述我所学到的知识。如果你仅仅只是完成了演讲，这还不够，我希望你能让全场人员起立鼓掌。

- **讲点有趣的**。把演讲比作一场战斗，如果你能做到这条，你已经成功百分之八十了。如果你有想要表达的内容，那么发表一个精彩的演讲就不是难事。这一点无可争辩。但如果你没什么想要表达的，那就拒绝演讲；如果你不想拒绝，那就调查一番，讲点有趣的。
- **收起你推销商品的那一套说辞**。大多数主旨演讲是为了娱乐，以及向观众传达信息。几乎没什么机会让你来推销你的产品，所谓最糟糕的演讲，不过就是人们认为你是在推销。
- **定制化**。在公开演讲中，对我最有帮助的技巧是：在每次演讲前，我都会花三到五分钟首先为我的听众定制属于他们的内容。这代表我是做了功课的，为了进行一次有价值、专属化的演讲，着实也是费了功夫的。为达到定制化，我通常会采用以下两种方式。

第一，我会试图与观众建立起一种私人化的联系。例如，当我在为讴歌车发表演讲时，我通过照片的形式，展示了我的讴歌车和本田车。当我在为庄臣公司发表演讲时，我给听众看了我橱柜里的家用清洁机的照片。

第二，当我去国外进行演讲时，我通常会选择在前一天去到处参观一下。然后在演讲的时候，我会向大家展示我所游览景点的照片，并表达我对当地文化的欣赏。

- **注重娱乐性**。许多演讲老师都不同意这一点，但他们不像我这样，每年要演讲五十次。我的看法是，演讲的目的就是娱乐。如果人们被你逗乐了，在这其乐融融的气氛中，你也可以见缝插针地传达一些有用信息，但如果你的演讲很枯燥，哪怕你讲再多有用信息，也不会让演讲出彩。

• **穿着讲究**。我的父亲是夏威夷的一名政治家，同时他也是个好的演讲者。在我刚开始演讲的时候，他给了我一个建议：你的穿着档次不能比你的观众低。例如，如果他们穿的都是西装，你也得穿西装。如果你穿着随便，那就是在传达这样的信息："我比你更聪明、更富有、更强大。我可以冒犯你，不重视你，而且你还拿我没办法。"这可不是什么讨观众喜欢的好办法。

• **不要贬低竞争对手**。不要在演讲中诋毁你的竞争对手，因为一旦这样做，就会显得你在利用观众的注意，从而获得不正当的优势特权。你没有给观众帮上什么忙，反而是观众在帮你忙。因此，不要在演讲中诋毁你的竞争对手，那样只会自降身价。

• **讲故事**。在演讲时，最佳的放松方式就是讲故事，如关于你年轻时的故事、关于你的孩子的故事、关于你的客户的故事，以及关于你阅读过的故事。当你在讲述一个故事时，你会沉浸在故事中。你已经不是在"发表演讲"了，你是在进行对话。好的演讲者很会讲故事，好的演讲者会通过讲故事来帮助他们进行信息的传递。

• **在上场前和你的观众寒暄一番**。请判断这句话正确与否：观众希望你的演讲一切顺利。答案是：正确。"观众不想看到你失败——为什么人们要浪费时间听你进行一次失败的演讲呢？"为了能让你的演讲成功，你需要提高观众对你的关注程度，有一个方法就是在演讲前先与你的观众寒暄一番。和他们闲聊一下，互相交流，尤其是在你演讲时坐在前几排的那些人；随后，当你站在演讲台上，看到这些友好的面孔时，你的信心将会飙升。你会放松下来，并且讲得十分精彩。

- **在活动开始的时候发言**。如果你能够自主选择，请选择在活动刚开始的时候发言。那个时候，观众新鲜感还未过，所以他们能听得进去你说的话，他们更容易被你的笑话逗笑，更容易沉浸在你讲的故事中。试想一下，有一个为期三天的会议，到了最后一天的时候，观众们都疲惫了，人都走了大半，而留下的人，他们满脑子想的也都是回家。光是要进行一次精彩的演讲已经够难的了，为什么还要试图把观众从无精打采的状态中带出来，这不是自己给自己增加挑战难度吗？

- **找一个空间没那么大的地方**。如果你能够自主选择，尽可能选择空间小的场所。如果你需要在一个拥有很大空间的场所进行演讲，那就提出要求，把它布置成教室一样的风格——也就是配备桌椅——而不是剧院风格。房间的空间相对拥挤，更能渲染情绪。例如，你在一个可容纳200人的房间里对着200人演讲，要比你在一个可容纳1 000人的房间里，对着500人演讲的效果好。

- **不停练习**。这个道理谁都懂，但尽管如此，这一点确实直接关乎你的演讲效果。你至少需要预演20次才能做好。如果你愿意，可以让狗狗充当你的观众19次，但你需要不断地练习和重复。正如亚莎·海菲兹（Jascha Heifetz）所说："如果我一天不练习，我自己知道；如果我两天不练习，评论家会知道；如果我三天不练习，每个人都会知道。"

我希望你能成功实现你精彩的演讲，不用花 20 年这么久，我之所以花了这么长时间，部分原因是没有人向我讲解过演讲的技巧，而且我自己很笨，也没去研究过。现在我的目标是，每次演讲结束后能让全场人员起立鼓掌。

附录 B　如何在讨论组中表现出彩

人们总是叫喊着要自由地表达自己的观点，要让他人了解自己的价值，但一旦给他们机会，他们又会感到害怕。

——罗伯特·墨菲（Robert Murphy）

无论在什么会议上，讨论组的人数都是主旨演讲者的十倍多，所以从概率上说，比起主旨演讲，你在讨论组中发表演讲的可能性更高。因此，对于布道者而言，如何在讨论组中表现出彩，也是需要学习的一项重要技能。一次讨论看上去是挺简单的。讨论组由四五个成员组成，讨论时长只持续60分钟。这能有多难？可问题在于：每个人都认为讨论时间不长，难度也不大，所以没有人会为此做准备。而实际上，一次小组讨论比个人演讲更难，因为你不能像控制你自己的主旨演讲那样去控制一个讨论组，而且相比之下，你所能得到的发言时间也没多少。

爱上麦克风。

如果你想做到这样——在小组讨论结束后，其他人都来找你交流，向你取经，那你就成功了。以下是我的一些建议。

- **了解主题**。如果你被邀请参加一个小组讨论，而你并不了解这次讨论的主题，请拒绝这次邀请。我不在乎这个机会看上去有多好。即使你对很多事情知之甚少，但如果可以，永远别给别人机会去了解你的这一面。
- **掌控你的个人介绍**。大多数讨论组成员会犯的第一个错误是，以为主持人手中有最新和最准确的个人简介。但实际上主持人要么对你一无所知，要么只是粗略地进行了一下谷歌搜索，找了一份错误的个人简历。因此，在讨论开始之前，你需要交给主持人一份只需三句话的个人简历，并且让她逐字读一遍。
- **声音洪亮**。你的嘴和麦克风之间的最佳距离为一英寸。这是因为你正坐着，身体前倾，并不需要进行投影。所以，靠近麦克风，声音洪亮地进行发言，享受发言的时刻。
- **注重娱乐性，而不只是传递信息**。像主旨翻译一样，你的主要目的是娱乐，而不是传递信息。你越幽默，人们越会认为你很聪明，因为幽默需要智慧。我甚至会和主持人或其他小组成员进行一场友好的较量。玩得开心就好。
- **实话实说，特别是当事实已经显而易见的时候**。如果你很“幸运”，主持人可能会试图提出尖锐的问题来挑衅你。这是一件好事，因为它向你提供了一个机会，可以让你展示自己是个幽默风趣的人，是一个坦白正直的人。“实话实说是能让你高兴的。”如果是每个人都知道的真相，就不要试图撒谎。最好可以说：“我接受第五修正案。”至少这样会博大家一笑。

- **回答提问，但别局限于问题本身**。当你被问到一个问题时，要尽可能快地回答它，但是紧接着，请朝着你想要对话发展的方向进行自由发挥。例如，假设主持人问：“你认为智能手机很快就会感染上病毒吗？”你可以回答：“是的，我认为这确实是个问题，但真正的问题是，手机的信号覆盖范围不够。”如果你想讨论的话题是“手机的信号覆盖范围不够”，那么你可以这么说。

- **表达通俗、简明、扼要**。假设你讨论组里的成员都是专家，甚至连主持人也是一个专家。主持人问了你一个问题。对着主持人和其他小组成员，你给出了你的答案——你开始蹦出一个个专业名词和专业术语的缩写与简称，如果真是这样，你可是犯了一个大错误，因为他们都是专家。你的“听众”就是普通听众，而不是主持人或小组成员。如果你能把最复杂和最有技术性的问题通俗、简明、扼要地进行表达，你将脱颖而出。

- **假装感兴趣**。这可能算得上是一次讨论中最困难的一点。假设其他讨论组成员正在发表冗长、无聊又充满专业术语的回答，你按捺不住想要查看电子邮件或者做点什么让自己看起来不那么无聊的话，千万不要这么做。假装你很感兴趣，因为当你看起来无聊的时候，摄影师会进行抓拍，甚至会把你的表情投放在50英尺的屏幕上。

- **不要看着主持人**。主持人是观众的代表。当你回答问题时，看着观众，因为观众不想看到你的侧面。（供你参考，一个好的主持人不会和你进行眼神交流，而会迫使你的目光远离他，面向观众。）

- **永远别说：“我同意上一位的观点。”**主持人通常会要求讨论组中的每个人回答同样的问题。如果你不是第一个回答的人，你可能会说：“我同意上一位的观点。”这是一个愚蠢的回答。说些不一样的，或者说：“我认为这个问题已经得到了解答。看在观众的份上，让我们继续讨论下一个话题吧。”

常见问题解答

Q："布道者"一词涉及了宗教的含义，这是否会是个引起争论的问题呢？

A：在世界上的某些地方，这个词有太多的含义，的确不能随心所欲地使用。不过，在科技行业是没有问题的。毕竟，基督教确实拥有 30% 的市场份额，这比大多数公司都多。

Q：如果人们喜欢我们的产品，但又不想帮我们宣传，那该怎么办？

A: 你不能强迫别人成为"布道者"。他们可以喜欢你的产品，也可以不喜欢。他们可以提供帮助，也可以不提供。如果人们喜欢一个产品，但还不想帮它宣传，那可能是他们没你想象得那样喜欢它。

Q："布道者"是先天的还是后天培养的？

A："布道者"是后天培养的——好的产品可以创造或发现"布道者"。几乎每个人（除了精神病患者），都会为能触动他们灵魂的产品"布道"。

推荐阅读

Kawasaki, Guy. *Selling the Dream: How to Promote Your Product, Company, or Ideas and Make a Difference—Using Everyday Evangelism.* New York: HarperCollins, 1991.

第 9 章

社交媒体的策略

最后终于完成了发明，却失望地发现无人能读懂。

——约翰内斯·古腾堡（J.Gutenberg），

1439年10月3日，“历史的推文”

社交媒体拥有着市场营销所需要的三大法宝：快速、免费和无处不在。我为麦金塔计算机布道时，最得力的营销工具是电话、传真和飞机，通过这三样，我才得以在酒店的宴会厅里聚集了几百人。

社交媒体的诞生对创业者来说，是他们遇到过最好的事情了。现如今，初创公司可以在几秒钟内免费接触到世界各地的数百万人，但社交媒体的使用未必有那么容易。本章将解释如何使用这个令人惊叹的资源。

9.1 制订一个计划

如果你把“计划”定义成“花六个月的时间认真思考或聘请一个机构来制订和实现战略目标”，恕我无法赞同你的计划。

关于战略计划，我的版本如下：

- 弄清楚你的商业模式。
- 弄清楚你需要吸引什么样的人来实现这种商业模式。
- 弄清楚这些人想看什么样的东西。
- 分享这种东西。

很少有人会给你这样轻松的建议，但不要把严肃和道理混为一谈。顾问和机构会告诉你要制订一个战略计划或者让你花三个月去制订，这完全是胡扯。你没有时间仔细思考，也不应该浪费钱在顾问和机构身上。你应该去深入研究社交媒体，看看它是如何发挥作用的，在你研究的过程中再去改动。

比计划更重要的是刻苦研究——加班加点地工作，努力工作，并进行试验。换句话说，社交媒体和你正在做的其他事情都一样。

9.2　对各大平台“心领神会”

截至 2015 年，需要考虑的主要社交媒体平台有谷歌 +（Google+）、脸书（Facebook）、INS（Instagram）、领英（LinkedIn）、拼趣（Pinterest）、推特（Twitter）和油管（YouTube）。以下是对每个平台的简要介绍。

- **谷歌+**。对讨厌谷歌+这件事，许多“专家”都快成爱好了。这些人认为它规模的太小了，因为谷歌+的原始数据显示，它的规模只有脸书的一半大。然而，谷歌+没有像脸书的EdgeRank那样的排序算法，因此，每个把你的公司划到其“圈子”中的用户都可以看到你发的帖子，这弥补了它规模小的缺陷。而且，这毕竟是谷歌，你要是忽略谷歌的一举一动，那真叫愚蠢。
- **脸书**。脸书拥有“超10亿人的用户”，这可是社交网络中的“麦当劳”。大多数公司为接触客户，都会使用这个平台。遗憾的是，根据神秘的脸书算法，某种名为EdgeRank的“黑魔法”决定了哪些粉丝能够看到你的帖子。据说，只有10%的粉丝可以看到你分享的帖子——我认为实际数据比这个还要低。不过，你可以花钱向更多的人推广你的帖子。
- **INS**。这是一个以视觉的形式来讲述故事的平台。各个公司都可以在这个平台上分享他们产品的照片或是他们粉丝的照片。虽然你无法将INS的帖子链接到你的网站，但对许多品牌来说，它们都靠它来与粉丝建立联系，并用它所提供的服务来打造自己稳固的社群。

- **领英**。这是社交媒体中的无名英雄。尽管在社群媒体大战中，它是在后来才添加了社交媒体功能，但其内容和评论的严肃性使它成为一个有用的营销工具。不要再认为领英只是一个找工作的地方了，它还是一个社交媒体平台。
- **拼趣**。这是一个视觉平台，人们可以在这里发现和保存他们喜欢的一切事物。各个品牌通过创建营销活动来与客户建立联系，而拼趣则是为其提供展示产品的平台，它是迄今为止最漂亮的社交媒体平台。
- **推特**。把推特想象成一条河流：它可以快速让你到达目的地，但也会把你淹死。推特是一个很好的平台，可以通过140个字符的信息来推广和支持你的产品。推特同时也是一个强大的资源，可以用来监控你的竞争对手，也可以了解你的公司或产品在社交媒体对话中的地位。
- **油管**。如果你能制作出有趣的、有教育意义的视频，那么对你而言，谷歌旗下的YouTube网站是一个强大的工具。如今这并不是什么难事了，因为热情的业余爱好者拍出的YouTube视频经常比专业人士的视频作用更大。你可以创建自己的YouTube频道，你的客户也可以订阅它。

你的初创公司应该选择哪些平台来为自己助力呢？答案是：全部。如果我告诉你，要去专注于一两个平台，那我给出的是个糟糕的建议；如果我告诉你，涉及社交媒体的工作需要一个四到六个人的团队，那我给出的还是一个糟糕的建议。事实是，只需要有一两个努力工作的人就可以做到。

9.3 完善你的公司简介

各大社交媒体平台都提供了一个简介页面来描述你的公司。

这些简介页面都是至关重要的，因为人们会通过它们对你公司的品质做出一个快速的判断。以下是一些建议，教你如何优化这张一页纸的公司简介。

1. 将内容优化至五秒内

人们不会去研究你的简介。他们只会花几秒钟时间看它们，然后迅速做出决定。如果这是网上约会，把它想象成手机交友软件——Tinder（向右滑动是同意，向左滑动是拒绝），而不是婚恋交友网站——eHarmony（完成一份关系问卷）。

2. 用图片来讲述你的故事

在一篇简介中，你可以用两个图片来讲述你的故事。首先是一个头像，一个小的圆形或正方形的图片。对于个人账号来说，这是你的脸。对于公司账号来说，这是你们的标志。

关于头像和封面图（首页图），做得不错的公司有吉百利（Cadbury）公司、奥迪（Audi）公司、耐克公司。

平台方总是会更改封面图（首页图）的最佳尺寸，所以请确认你们公司的图片是符合标准的。如果你想查看最佳尺寸，你可以查阅一篇名为“秘籍之生成好的社交媒体图片”（Quick Tips for Great Social Media Graphics）的博客文章。此外，我现在是 Canva 公司的首席布道师，我的公司已经为谷歌 +、脸书、推特和拼趣等平台设计了数百个封面图和首页图。

3．精心编写一句口号

大多数平台都允许你在简介页面中添加标语。把它作为你的口号，用两到四个词来解释为什么你的新公司会存在(有关口号的更多信息，请参见第1章)。以下是三个公司的口号，它们从理论上告诉了其他公司在简介页面添加标语是可以起到很好的效果的。

- 耐克公司：“真正的运动性能”。
- 联邦快递公司（FedEx）：“气定神闲”。
- 谷歌：“保持信息的自由流通”。

4．提供所有信息

你的头像、口号、封面图（首页图）相册决定了人们对公司的初步印象。如果你吸引了他们的兴趣，人们将阅读你公司简介中的其余信息，所以请提供尽可能多的信息。再说一次，请把简介页面当成简历来对待。

5．获取一个虚拟 URL 地址

你可以为你的谷歌 +、脸书和领英账号获取一个虚拟 URL 地址。谷歌 +、脸书和领英都会教你如何获取虚拟 URL 地址。就像域名一样，很多虚拟 URL 地址不可用了，但不管什么，总归要比 21 个随机数字好。同时，获取一个虚拟 URL 地址能很好地考验你的聪明才智。

6．隐身查看

当你对公司的简介页面感到满意时，请在“隐身”窗口中查看。这一浏览器窗口可以让你像其他人一样查看公司的简介页面。若你要在 Chrome 浏览器中打开一个隐身窗口，请从“文件”菜单中启动“新的隐身窗口”。每个浏览器都会有一种方法来实现这个功能。如果你想了解具体怎么做，请在谷歌引擎中搜索“‘匿名’+ 你的浏览器名称”。

9.4 通过转发测试

转发测试是社交媒体营销中最重要的概念。人们针对你的帖子点击“喜欢”和“+1”真是太好了。人们给予评论那就更棒了。这些举动就好比给服务员小费。

而转发你的帖子是最好的嘉奖，因为这意味着人们喜欢你所分享的东西并且愿意将它分享给其他人。这类似于推荐你的朋友去一家餐馆吃饭。转发是一种关怀！所以，在社交媒体上，你要做的最重要的测试是：人们会转发你的帖子吗?

每个帖子都应该通过这个测试。为了做到这一点，你的帖子需要给人们的生活带来价值，如以下四类帖子的内容：

- **信息帖**。“发生了什么事？”例如，国防部长查克·哈格尔（Chuck Hagel）说，他愿意重新考虑变性人在军队中的地位。
- **分析帖**。“这意味着什么？”例如，《琼斯母亲》（*Mother Jones*）解释了为什么乌拉圭足球明星路易斯·苏亚雷斯（Luis Suárez）咬人事件是一个重大的卫生问题。
- **帮助帖**。“我该怎么做呢？”例如，科技资讯网向人们阐述了“怎么给911发短信才会有用”。
- **娱乐帖**。“搞什么鬼？！！！”例如，每年希腊希俄斯州小岛上两所教堂都会举办模拟的“火箭战争”来庆祝复活节。

试着效仿我所说的NPR（美国国家公共广播电台）模式。美国国家公共广播电台一年365天，天天提供精彩的内容。每隔几个月，它就会举办一次筹款募捐。美国国家公共广播电台之所以能够成功举办募捐活动，正是因为它所提供的内容具有极高的价值。

通过这个转发测试就相当于你为公司的“筹款募捐”活动赢得了特别优待——在你自己创造的环境下，为自己的产品做推广。

9.5 喂养内容怪物

社交媒体每天最大的挑战是找到可分享的内容，这被称为“喂养内容怪物”。有两种方法可以做到这一点：内容创作和内容管理。

内容创作包括写长文章、拍照或制作视频。每周很难持续创作两篇以上的内容。而且两篇内容对社交媒体来说并不够，因为在抓住用户眼球方面，竞争着实激烈。

遗憾的是，帮助你掌握内容创作不在这本书的讨论范围之内。

> 什么内容是与粉丝相关的？什么内容会让粉丝感兴趣？大多数公司对这些东西的定义都过于狭窄了。

内容管理包括找到别人的好东西，总结并分享。这会带来“三赢”：你需要有内容可以进行分享；博客和网站想要更多的流量；人们希望有人为他们做筛选工作以减少信息量。以下这些技术可以帮助你进行内容管理，以喂养内容怪物。

- **依靠管理和整合服务**。我与人共同创建了一个名为Alltop的网站，这个网站能够帮助我进行内容策划。这个网站借助了RSS源（一种可提供以标准格式分发和接收信息的简便技术），按照从A（adoption）到Z（zoology）的顺序，整合出了1 000多个主题，如食物、摄影、麦金塔计算机、旅行、收养等。
- **分享已经成为热点话题的内容**。你说得对，你可以说这是欺骗，不过分享这样的内容倒也没有什么错。不管有多少人已经浏览过这些热点话题，但总有人还没有看到它。我曾在YouTube上分享过一个好几年前拍的视频，这个视频现在依然得到了广泛的关注，它大获成功。查看谷歌+的“浏览”区域，试着找一些好的内容吧。
- **使用列表、圈子、社区和群组**。有共同兴趣的人和品牌，它们集合组成了“列表”（推特和脸书的功能）、“圈子”（谷歌+的功能）、“社区”（谷歌+的功能）和“群组”（脸书和领英的功能）。这样的分类是个很好的办法，能帮助你找到优质的内容。

- **分享用户生成的内容**。人们所拍摄的关于你的产品的照片，你应该分享出去。这样做对每个人都有好处：当别人给你的产品拍照时，你能得到社会认同，而拍照片的人也会得到温暖的认可和关注。

什么内容是与粉丝相关的？什么内容会让粉丝感兴趣？大多数公司对这些东西的定义都过于狭窄了。这阻碍了他们喂养内容怪物的能力。关于如何让帖子更有趣，同时获得更多的转发，表 9-1 为其中的几个例子。

表 9-1

公司类型	所需要的粉丝	示例
饭店	美食爱好者	原子粒子有助于解决葡萄酒真伪问题，以及科学切蛋糕的方法
摩托罗拉公司	安卓粉丝	2014年的100款最佳安卓应用程序和6个伟大的安卓机使用技巧
航空公司	旅游爱好者	美国最后一个免下车式电影院，以及用心的旅行摄影。或者即使你不在日本上班，你也可以让人们感到快乐
设计机构	市场营销人员	为什么可以在网页下面放一个广告和关于零售—客户忠诚度的重要发现
魔声产品公司	音乐和体育运动爱好者	创作型恶搞歌手艾尔 • 扬科维奇的“快乐”，以及有趣且刺激的跳跃动作

9.6 使用“编辑行事历”

我并不是推崇使用行事历的人，因为我对于社媒的订阅，通常用的是“先广撒网，然后祈祷”的办法（也就是说，扔掉很多东西，希望部分能奏效）。但是，如果你希望采用更井然有序的方法，有几种工具可以帮助你管理你的“编辑行事历”，具体如下：

- **Excel**。这个工具没那么时新，你可以拿来当备用，根据发布日期存储草稿文档。

• **谷歌文档**。在社媒行事历方面，谷歌文档有个优点，即你可以与团队成员实时协作，每个成员在各自的设备上都有可操作的权限。这就不再需要你去反反复复地发送电子邮件了，并且，关于改动的内容可能会丢失的情况，其发生的可能性也减小了。

• **HubSpot编辑行事历**。它可以给你的博客进行头脑风暴指导、查看内容，并跟踪撰写人的进展。这是一个在社媒行事历上为团队设计的Excel模板。你可以为每篇帖子添加关键字、主题和行动指引。

• **Buffer、Sprout Social和HootSuite**。这三个软件都提供了分享帖子的日历功能。Buffer是一个仅限日历功能的平台，所以你没法用它来回复评论。Sprout Social和HootSuite这两款允许你使用日历功能，同时也可以查看你的社交媒体，以及在上面进行评论和回复。（透露个小秘密：我推荐使用Buffer。）

• **Stresslimit Design Wordpress插件**。你可以将这款编辑行事历的插件加入WordPress博客中。它能帮助你规划博客内容，并审阅未来准备发布的内容。

9.7 像个专业人士一样进行分享

一个严谨的作家，在他写每一句话时，都会问自己至少四个问题。例如，我想要说什么？用什么词可以表达我想说的话？什么图像或习惯语会使我的表达更清楚？这个图像是否足够新？用它能会起到作用吗？

——乔治·奥威尔（George Orwell）

在你经历了内容创作、内容管理两大过程之后，就到了通过公司社交媒体账号分享内容的时刻了。有关内容的分享，以下是得到公认的最佳原则。（在下一部分，我会列出那些不被接受的想法）。

1. 简洁

在社交媒体领域，简洁胜于烦琐。你每天都在与数以百万计的帖子竞争，如果人们瞥了一眼你的内容，但你所写的内容没能在第一时间抓住人们的眼球，他们就会做出快速的判断，继续往下看别的。以我的经验来说，当内容发布在谷歌和脸书上时，发布两三句话；当发布在推特上时，发布100个字符；如果你发布在博客上，就发布500～1 000字。

2. 可视化

每一篇帖子（真的是“每一篇”）都应该包含“视觉糖果”，也就是要有图片、图表或视频的呈现形式。根据Skyword的一项研究显示：“平均而言，相比不带图片的帖子，发表一篇同类别的、带有相关的照片或信息图表的帖子，其总浏览量增加了94%。”

3. 抢占先机

对我来说，分享帖子的最佳时间是早上，因为那时我的大多数用户都醒着，正坐在计算机前面。你可以尝试进行一些实验，看看选择早上发帖是否对你也有帮助。在下一节中，你将了解如何自动发布帖子，以及按时发帖其实很简单。

4. 心存感激

每一篇带有精心策划内容的文章，都应该附上它的资料来源链接。这些链接的作用如下：

- 使读者能从来源出处中获取更多内容。
- 为信息来源带去流量，以表示感谢。
- 提高你在网站上的知名度和受欢迎程度。
- 当你因为别人的帖子而找到某个内容时，请使用这个惯例：撰写并分享一篇带有消息来源链接的帖子，然后向引起你注意的人附上致敬的话。

5. 使用项目符号

如果你在谷歌、脸书和领英上的帖子长度超过四段，请使用一个带项目符号或编号的列表。这使得人们更容易阅读，因为这样可以将信息分成更小的单位，减少了“太长而不想读”的效应。

也许我是世界上唯一一个这样做的人——当面对一段又一段的文本时，我会关闭页面。如果我想读一本小说，我会买一本 Kindle 电子书。另一方面，当有一个项目符号或编号的列表出现时，我阅读这篇文章的概率会变大。

6. 灵活一点

如果帖子的标题是“如何……”“十大……”“终极……”，那人们很难做到视而不见。这些词想要表达的是（至少对我来说），“这将是实用、行之有效的。”Twelveskip 整理编写了一份列表，里面罗列了 100 多条出色帖子的标题。所以你要灵活使用它。

在这个列表中，我最喜欢的是：

- “如何做到棒极了……”
- “快速指南：……”
- “一个完整的指南……”
- “你在做……以前应该提的问题”
- “有关……的规则”
- “完成……的基本步骤”
- “最流行的方法……”
- “给忙碌人群的建议……”
- “……的技巧”
- “没人告诉你的事……”

7. 话题标签

话题标签是一件很实用的东西。它们将来自世界各地的人们的帖子联系起来，并为一个非结构化的生态系统增添了结构。当你给帖子添加话题标签时，你就告诉人们这个帖子与某个分享的话题相关。

例如，在谷歌 + 上，“# 社交媒体标签”这个话题关联的就是关于社交媒体的帖子。推特、INS、脸书、汤博乐和谷歌 + 都支持话题标签的功能，所以这是一种常见的、得到广泛支持的做法。

你可以考虑在你的帖子中添加两到三个话题标签。然而，如果你使用了很多话题标签，你看起来就像一个正在尝试使用“# 游戏系统的 #”的白痴。此外，不要在拼趣上使用话题标签，因为人们讨厌在那里使用它们——也许是因为话题标签干扰了拼趣上帖子的最小文本的识别灵敏度。

8．付费推广

出于骄傲和原则，我几乎没有这样做过，但在拼趣、脸书和推特上花钱推广帖子是很有效的。这确保了更多的人可以看到你的帖子。尤其是脸书，它正在成为一个花钱才有游戏资格的平台。

如果你需要决定是否进行付费推广，那就要算一笔账——可获得的收益是否值得花这个钱。举个例子，你可以通过推广一个帖子，呼吁用户来购买你的产品。然后，通过是否有额外销售增加（也许还有品牌知名度）来判断付费推广是否值得。

如果你拒绝付费推广你的帖子（如果这是你的决定，我会尊重你），你可以把你的帖子“钉”在你脸书和推特页面的顶部。这意味着，这篇帖子仍然是你时间线顶部第一个可见的内容。虽然这没有付费推广那么有效，但它是免费的。

9．分析

你可以通过分析那些关注你的人的特征来提高内容的相关性。例如，脸书上“成效分析”功能是找到你粉丝的丰富资源，这是你未来进行脸书内容规划的一个好起点。LikeAlyzer 可以帮助检查你的脸书页面，并对帖子内容、帖子类型和分享时间进行微调。对推特，你可以使用像 SocialBro 这样的服务来获取许多报告，包括谁关注了你以及寻找新的关注者，并确定你的内容进展。你也可以在 Sprout Social 和 Hootsuite 中得到类似的报告。

9.8 自动发帖

使用工具来定时自动发布帖子，这并不是作弊。聪明的公司就是这么做的。

如果有人坚持认为必须手动分享帖子，那他就是个傻瓜。大多数粉丝都不知道一个帖子是如何分享的，如果除了社交媒体，你还有别的工作要负责，那么你就不能每天都手动分享帖子。

以下罗列了能提供自动发帖服务的软件。最多30分钟，你就可以通过使用其中的任何一个，来计划一天需要发布的帖子。

• Buffer。在谷歌+、脸书的网页上，以及在公司简介网页、领英和推特上都可以用Buffer进行定时发帖。它能让你在特定时间内添加帖子或将帖子放入队列中。在“Buffer for Business”计划中，你还能获得团队的管理和分析。关于分享什么内容，Buffer也会给你提出建议。而且，在所有软件中，它的外观是最漂亮的。

• Do Share。如果你没有谷歌+的网页，那这是唯一可以让你在简介页面上定时发帖的产品了。它是Chrome浏览器的一个插件，需要在Chrome运行时才能工作。Do Share很不错，但正是这样的要求，让它存在着一定的局限。例如，如果你正在旅行，你的计算机未在运行，那么Do Share就不会分享你的帖子。或许，你公司的账户是个网页，而不是简介页面，那Do Share也不能满足你的需要。

• Friends+ Me。这个产品能够让你将在谷歌+上的帖子分享到其他平台。目前，它支持脸书（群组、简介页面、网页）、推特、领英（简介页面、群组以及公司网页）还有Tumblr。你在发推特时，有个实用的小技巧，就是你能用上谷歌+中所发帖子的图片。通过使用话题标签，你可以控制每篇帖子的分享方式和发布的平台，或者你也可以选择只将其发布到谷歌+上。

• Hootsuite。你可以使用Hootsuite来规划内容的进度、查看评论以及回复评论。你可以把内容分享到脸书的公司简介页面和网页、谷歌+的网页、领英的简介页面以及推特上。使用ViralTag应用程序，你能在拼趣上定时发图。其他有用的功能还包括了从电子表格程序中批量发送帖子，从行事历中通过拖动来定时发帖，以及与多个用户展开协作。

- Post Planner。虽然Post Planner只适用于脸书，但它也提供了可以分享的内容，并会给出关于什么时候适合分享的建议。通过从脸书内的应用程序就可以轻松访问这款产品，你可以在那里找到易于传播帖子的“病毒式”照片和流行趋势。你也可以为你喜欢的博客添加提要，并通过Post Planner分享。如果要管理脸书网页，那这款软件能提供非常不错的服务。

- Sprout Social。这是一款功能强大的产品，适用于脸书的网页及简介页面、推特、谷歌+的网页和领英的简介页面。它有团队管理功能，并与Zendesk进行了集成。它能用图像重复同一条推特信息，还能创建团队行事历，这些功能都很强大。但你每月至少需要支付59美元来使用这些功能。

- Tailwind。针对拼趣上的帖子，你只能用这款产品来规划和查看。它的一个强大功能是，可以展示丰富的热门图片、流行趋势板块以及其他人的热门内容。Tailwind可以访问拼趣的API（应用程序编程接口），所以它在不久的将来肯定会有更多的功能。

- Tweetdeck。这是一款可用于监控活动、调度发帖的独立应用程序。它可以将搜索结果按列显示。例如，你可以为“你@到的”创建一列（“@到”的意思是当人们发推特时，键入了@这个符号并附上你的名字），并为“你的竞争对手@到了你”创建另一列。下次你去参加技术会议时，你会看到大多数人都在使用Tweetdeck，去看看大家都是如何查看推特的。

9.9 重复发帖

现在我们来看看那些普遍不被人们接受的东西。我每天共在我的谷歌+、脸书、推特、领英和Ello账号上分享50篇帖子。这些帖子中许多都是完全重复了之前的帖子。

“这是一个智商测试题：你希望点击量是1 300次还是7 600次？”

很少有人或公司会像我这么做，但我的经验是，只要你的帖子很好，你就可以随意分享。为了证明我所说的多多益善，我大约 8 个小时之内分享了 4 条相同的推文。每条推文都包含一个指向同一信息源的不同链接。研究结果如表 9-2 所示。

表 9-2

日期和时间	点击量	回复数	转发数	点赞数
7月6日 晚上7点41分	1 300	22	18	41
7月7日 凌晨2点11分	1 300	20	17	43
7月7日 深夜12点50分	2 300	24	23	26
7月8日 早晨8点	2 700	16	10	15
共计	7 600	82	68	125

“这是一个智商测试题：你希望点击量是 1 300 次还是 7 600 次？”重复推文可能会遭到用户的抱怨，并且还存在着账号被取消关注的风险，但如果冒着这样的风险你能获得 5.8 倍以上的点击量，你愿意这么做吗？对我而言，一年 365 天我都是这么做的。

有些人可能会有更大的怨言，但不要为此焦虑。用户要么习惯了你重复推文数量的增长，要么取消对你账号的关注。真正重要的是“净效应”：你要么通过增加关注者、积累转发量来打造品牌，要么就不这么做。如果你没有在社交媒体上惹怒过别人，那就代表你就没有足够积极地去使用它。

9.10 回复评论

不要只站在自己的角度去考虑任何事。别人做什么都不是因为你。其他人说的和做的投射的是他们自己的现实情况和他们自己的梦想。当你不受别人的意见和行动的影响时，你就不会成为不必要痛苦的受害者。

——堂·米格尔·路易兹（Don Miguel Ruiz）

在回复你的帖子的评论中，你将会遇到深刻、有趣和奉承的评论，你也会遇到愚蠢、卑鄙和侮辱性的评论。如果你发布的帖子还不错，在混杂的评论中倾向前者的就会多一些，但每个人总会遇到负面评论。

对回复评论这件事，你要勤奋努力。特别是，当碰到负面评论时，更需要你付出努力、耐心和理解。下面是一些建议，关于如何改变回复评论的方式，把它从一件苦恼的事情变成能增加用户参与度、建立你的声誉，甚至获得乐趣的事。

1. 使用正确的工具

第一步是找到你需要处理的评论。这里有两种方案。第一，查看你的谷歌+、脸书、领英、拼趣和 INS 上帖子中的评论。这很容易，因为这些平台可以组织或“串”起对话，所以你可以在发帖后去看看是否有评论。第二种情况是查看推特上的评论。由于它没有串联对话的功能，所以你需要通过搜索公司名称来查看用户对你的评论和回复。你可以保存此搜索内容，以便之后无须重新输入。

推特还提供了高级搜索功能，使用户可以更有效率地寻找评论。例如，我点击了一个保存过的推特搜索内容，发现其中提到了 @GuyKawasaki 或提到 @Canva，但没有我们推文的转发。（你不需要回复转发帖，理想情况下会有太多的转发帖，即使你想回复，也无法全部回复。）

走大路永远不会出错，因为打赢阶层信誉之战比与某个评论者战斗更重要。

人们还会对你的初创公司进行评论，而且评论跟你发表的帖子无关。这些也需要你去监控。在一个理想世界里，每当人们提到你的初创公司，他们就会在公司名字前输入“@”（推特和脸书）或“+”（谷歌+）。如果他们这样做了，平台会通过电子邮件或在你的登录页面上通知你。然而，大多数人都不知道这种功能。

许多软件可以提供查看评论和文字搜索的服务，如 Commun.it、Google Alerts、Hootsuite、Social Mention、SocialBro、Sprout Social 以及 Viralheat。正如前面提到的，TweetDeck 对查看“@ 到”和搜索词来说，是个很出色的应用程序。

2．考虑所有受众的感受

你回应的受众应该是愿意看你帖子的所有人——不仅仅是评论者。这与电子邮件不同，当你收发邮件时，只有收件人和再次转发的对象才能看到你的回复。

在社交媒体上，许多人都在“潜水”，这些人会根据你回复（评论者）的语气来对你做出判断。这些潜水者可能比最初的评论者更重要，因为他们可能是你潜在的关注者，而不是捣乱的人——网络喷子在网上想找人吵架，或许是因为身体的残疾，或许是因为悲惨的生活，他们想通过找你的茬来发泄内心的不满，他们试图拖你去争吵。你的回复就好比政客在市政厅会议上回答问题：一切都记录在案。

3．保持乐观

既然有其他人在关注着，那么不管评论是多么平淡、不敬，或是带有挑衅，你都应该保持乐观积极的态度。走大路永远不会出错，因为打赢阶层信誉之战比与某个评论者战斗更重要。说实话，我有时也会忘记遵循这条建议，虽然我建议大家这么做，但我并没有按照我所建议的去做。

4．在证实人们有恶意之前，假设大家都是善意的

和电子邮件一样，人们很容易误解社交媒体的评论。你所认为的批评或攻击，实际上可能是无害的，也可能只是讽刺的。或者说，你已经过于敏感了。先相信大家都怀有善意，这对你来说也是好事。

5．求同存异

如果你不能保持积极的态度，那你至少要做到求同存异吧。生命太短，不

能一直战斗，大多数争吵都不值得你劳心费神。同时，求同存异本身就能惹怒网络上的喷子。

6. 提出尖锐的问题

当有人表达了强烈的负面意见时，问他（或她）是否对这个问题有过亲身经历。例如，如果你分享了一个关于安卓系统的故事，一个 iOS 系统的粉丝攻击你，你就问他，是使用过还是拥有过一部安卓手机。很可能是都没有，他只是转述了他曾经听到过的一些言论。在社交媒体上，人们总是言之凿凿而又一无所知，这样的矛盾组合很常见，所以请习惯它吧！事实上，当一个人越确定，他也会越无知。

7. 只打三轮

最好（和最坏）的互动经常发生在评论者之间。看着陌生人建立起人际关系，并把帖子带往更深、更新奇的方向，这会让人感到欣慰。在这种情况下，这是个好消息。而坏消息是，评论者有时会陷入激烈的争吵，并发表他们永远也不会当面说出口的一些刻薄评论。

我的建议是接受业余拳击的规则，只打三轮。当你发帖时，铃响。第一轮：评论者发表他们的评论。第二轮：你的回复。第三轮：评论者对你的回复进行再次评论。好了，战斗该结束了。

8. 删除、屏蔽和举报

如果以上所述的操作都失败了，那就不管了，直接一键删除、屏蔽或者举报网络喷子和垃圾邮件发送者。你没有道义上的责任非要与他们互动，把自己降低到他们的档次也没什么好处。关于如何鉴别网络喷子，若你需要帮助，可以读一下“12 个迹象表明你正在和网络喷子打交道”。

我有个“一击”准则，我会毫不犹豫地删除不当的言论（脏话、涉及种族问题和无关废话）以及拉黑网络喷子、垃圾邮件发送者。生命太短，别光顾着打嘴仗。

9.11 获得更多的粉丝

不要渴望受欢迎；要讲究。不要想出名；要被爱。不要以被期望为荣，要清楚。

——C. 乔伊贝尔 C.（C. JoyBell C.）

社交媒体上只有两种人或两类组织：想要更多粉丝的和骗你说不想要的。

2014 年，在谷歌引擎上搜索“如何获得更多粉丝”会搜到两亿八千四百万条结果，这就很能说明问题了。为了获得更多的粉丝，你只需要做两件事。第一，分享一些好的内容。这条就能帮你获得更多的粉丝了。这一点已经无须多说了。第二，抓住新的平台。在一个平台刚出来没多久时，吸引粉丝要容易得多，因为他们可以关注的人更少一些，并且噪音也要少得多。

截至 2014 年 7 月，我在谷歌 + 上有 640 万粉丝——我在谷歌 + 刚推出的几周内就加入了它。如果我要在谷歌 + 或其他现有平台上重新开始，我就无法追上比我更早加入的人。

每个新的平台都会创造出一批新星。现在在拼趣上，Joy Cho 拥有超过 1 300 万粉丝，我比不过她。不过，她也很难在谷歌 + 上赶上我，在那里她只有几百个粉丝。

以上所述的一个道理是，在一个新的平台上赢得关注度就是在夺取土地。如果你想要很多粉丝，你必须得在这个平台获得显而易见的成功前就入驻。

9.12 避免看起来无知

这个世界的问题在于，愚蠢的人和幻想家总是对自己过分自信，而聪明人却总是充满怀疑。

——伯特兰·罗素（Bertrand Russell）

社交媒体有自己的一套期望礼仪和失礼行为，人们希望一家公司能遵守其中的细节。以下讨论的这部分将帮助你，在你真正不再无知之前，如何装成没那么无知的样子。

- **不要花钱买粉丝、买赞**。只有失败者和骗子才会买粉丝、买赞。（我能告诉你我的真实感受吗？）人们认为粉丝数量是你社交媒体玩得好的证明，这一点我不否认，但花钱买粉丝是愚蠢的。以下例子是关于大公司是如何走下坡路的。

  - 首席执行官参加了一个会议，决定她的公司必须更多地使用社交媒体。
  - 她告诉首席营销官，她希望看到一些成果，那就是粉丝数量以及点赞量的增加。
  - 首席营销官意识到，公司里没有人了解社交媒体（这不是真的，不过我跑题了），所以简单、安全、合乎逻辑的选择是，从公司的代理机构中雇用一个人，因为这些机构里的都是专家。

你买粉丝的事可能永远也不会被发现，但你这样做，是在触自己的霉头。

  - 新聘请的社交媒体高管做的第一件事就是，保留他以前的代理机构，以实现首席营销官的目标。
  - 该机构申请了一大笔预算，获得了公司的批准，其中就包括足够的用来购买粉丝、购买点赞数的资金，以此实现既定的目标。
  - 该机构把钱都花了，而且出人意料的是，这些钱实现了既定的数字目标。这次行动大获成功，每个人都很高兴。

但是，买来的粉丝和点赞不会带来长久的好处，因为这些僵尸粉对你的内容没兴趣，是不会与你互动的。你买粉丝的事可能永远也不会被发现，但你这样做，是在触自己的霉头。

我讨厌你花钱买这些，但有一个例外，那就是付费推广你在脸书上的帖子或主页。这就是脸书的运作方式——它和在其他媒体上购买广告一样。

- **不要请求别人关注你的公司**。如果你想要更多的粉丝，用你帖子的质量来赢得他们。如果格劳乔·马克斯（Groucho Marx）今天还活着，他会修改他的名言：那些请求你关注他们的人不值得关注。保持你的尊严，不要对粉丝卑躬屈膝，并分享大量好的内容。

• **不要请求别人转发你的帖子**。如果你的帖子很好，转发这件事会很自然地发生。用上我们说过的所有技术，人们会看你的帖子，如果他们觉得很有意思，他们会去转发。事情就这么简单。实际上，你唯一可以请求转发的帖子，只能是关于慈善的。

• **不要成为皮条客**。社交媒体是推广你的产品、服务或网站的好方法——这就是我们之所以如此努力的原因。然而，如果超过5%的帖子都是在打广告，你会看起来像一个智力障碍者。如果你熟悉美国电视频道，那么想象你是美国国家公共电台，而不是电视购物平台。试想一下，如果美国国家公共广播电台每天都在募捐筹款，那会是什么情形。

• **不要把活委派给机构**。如果你聘用了一家数字机构，让10个人进入一个“作战室”，按照你的“品牌精神”进行“意见评估”，然后需要45天的时间来写一条推文，你要真这么做了，那我被你打败了。

不要把你的社交媒体账号交给只拥有100个粉丝的“专家”，这些“专家”每月只发一次推特，并收取比一个小国的国民生产总值还要多的费用。最佳原则就是，永远不要接受一个粉丝数比你少的人的建议。

如果你能遵循本章的建议，那你就别让机构来帮你完成这项工作了。如果你能遵循本章的建议，并且你是机构方，也许你现在可以调整你的收费价格了。

• **不要授权给实习生来经营你的社交媒体**。你发现一个使用脸书的年轻实习生，他的工作收入比快餐店员还少。这并不意味着他可以管理你的社交媒体账号。这就好比让会上厕所的人成为泌尿科医生，让有车的人成为机械师。

不要误会我的意思，我喜欢实习生。他们为社交媒体带来了新的视角和情感。我只是想确保你会认真对待社交媒体，做到知人善用。因为对很多人来说，你的公司就是你所分享的那些东西。最起码，你要让你的实习生阅读这一章，然后在几周内监控他们写的每一篇帖子，以及他们回复的每一条评论。

附录　如何利用社交媒体开展社交活动

我喜欢大型聚会。他们很亲密。在很小的聚会上，没有任何隐私。

——弗.斯科特·菲茨杰拉德（F. Scott Fitzgerald），《了不起的盖茨比》

社交活动是市场营销的一个关键工具，而社交媒体可以增加它们的影响力。我每年要为50多个这样的活动做演讲，我观察到，大多数组织都不用社交媒体来提高其知名度和价值。相反，各组织专注于活动前的促销环节，以此来吸引人们参加活动，但却很少关注到社交媒体。

2013年，我和佩格·菲茨帕特里克一起共事，我们去了墨西哥、阿根廷、巴西、秘鲁、哥伦比亚和智利，我俩一起为摩托罗拉的MotoX手机开了好多场发布会。我负责主旨演讲，她负责社交媒体。通过路演，我们学会了如何用社交媒体为活动造势。

- **选择好比“常青树”一样的话题标签。**我们本可以选择诸如“#MotoX巴西2013”“#MotoX墨西哥2013”“#MotoX秘鲁2013”的话题标签，但这些话题标签最多也就持续三天。相反地，我们选择了一个简短的、通用的、更持久的话题标签—MotoX。

厚颜无耻对社交媒体很重要。

无论是在巴西、墨西哥或秘鲁的活动，还是这款新产品，我们的目标都是让一个话题标签成为流行标签，并让人们乐意使用。

在我们的特定例子中，使用“#MotoX”有一个问题，因为它也用于摩托车活动。但如果我必须在短和独特之间做出选择，我会（而且我也确实这么做了）选择短，然后再来解决这个麻烦问题。

- **开始在所有内容中添加话题标签。**从你推广这个活动的那一刻开始，就使用这个话题标签。这意味着它应该出现在你的网站、广告和电子邮件签名上。你应该在印刷出来的流程单封面上使用它。介绍活动的幻灯片也要用到它，在起始页把话题标签用60号字放大来宣传，然后在随后的每一页的页脚处插入你的话题标签。每个员工、演讲者、供应商和来宾都应该了解这个话题标签是什么。

- **让每个人都使用这个话题标签**。仅仅广泛散布这个话题标签是不够的，你还需要鼓励其他人使用它。会议的“上帝之声”和活动主持人都应该让人们用这个话题标签发帖。在MotoX巡演快结束时，我每次开始演讲的时候，就会让人们在推特上带着话题标签发布推文，并且我会一直等，直到他们都这么做了才行。厚颜无耻对社交媒体很重要。

- **扩大活动的受众范围**。活动面向的受众不仅仅是参与活动的人，而是全世界会对产品感兴趣的人。

  - 委派专人。活动中至少要有一人负责关注社交媒体。
  - 活动前：分享宣传帖子，以提高出圈度和出席率。
  - 活动中：在推特上发布活动时发生的事情，并为演讲者和来宾拍照。在休息间隙上传这些照片，并转发其他人发布的相关帖子。
  - 活动后：分享关于该活动的文章、图片和视频，多多益善。鼓励与会者转发他们的照片。

来自缅因州波特兰市的市场研究员凯蒂·克拉克（Katie Clark）建议，如果你们公司在这方面没有自己的内部专业人士，那就聘请一个专攻社交媒体的相关人士来填补这个角色。这个人会知道该怎么做，他会用自己的账号来提高活动的曝光率，并向他有大基数粉丝群的朋友寻求帮助。这就是佩格·菲茨帕特里克在摩托罗拉的南美发布会中所担任的角色。

- **流媒体直播报道**。想想你花了多少钱来举办一个活动。你为什么不采用直播的形式呢？你担心有太多的人来了解你的产品吗？现实一点吧。如果你在波哥大发布了一个产品，你肯定会希望一个在莫斯科的博主能为这个产品写点什么。此外，你最好录下你的现场报道，让人们以后可以观看。

- **提供实时更新**。如果不是现场直播视频，请让社交媒体人员提供实时的更新。你可以使用推特、INS或你的博客，配备着像The Verge一类的网站，能提供出色的现场直播，如苹果的发布会，你可以学习并效仿。

• **展示推特上的实时帖**。在会议上，使用设备将带有你话题标签的推特实时帖投到大屏上去。展示这些实时帖会鼓励更多的互动，从而带动更多人使用你的话题标签。对一些人来说，看到他们的帖子在大屏上滚动，就像看到自己的照片展示在时代广场上一样。我会使用Twubs或Tchat来实现这个功能。

• **提供无线网络**。让我把话说明白：你要花数千美元来参加这个活动。你花重金向每个人宣传你的话题标签，要求他们使用它。但你正在限制无线访问。你是疯了吗?

在选择活动举办的地点时，用一台计算机或一部手机在每个设备上进行一下网速测试。告诉负责该场地的销售人员，你预计会有数百人同时使用该网络，因此，如果没有足够的互联网访问权限，你将会换个场地来办活动。如果这些都行不通，那就用移动热点或者拿一些智能手机打开网络共享热点。

• **不要给网络设置密码**。受密码保护的网络是社交媒体的敌人。如果你必须使用密码保护网络，那么请在各处公开发布密码——当然，这意味着安全是一种错觉，所以你最好不要设置密码!

告诉你的高管们，拿出点高管的样子

• **留一个拍照的地方**。我们在MotoX的活动中，设置了一个可供拍照的区域。那里所需要的就是良好的照明，和一块印满MotoX话题标签的背景板。人们看到这块背景板，当了十几分钟的主角：“让我们假装是好莱坞的明星。”

人们会分享这些照片的概率大约是百分之百——最理想的情况下，还会带上你的话题标签。

• **抓拍照片并分享**。请一个专业摄影师，在你的活动上进行抓拍。人们不想要一些带着你公司商标的纪念品U盘，比起买这些，请一个摄影师的费用要少得多。在MotoX活动中，我和主动找我合影的每个人（还有一些我主动去找的人），我们都在印满“MotoX”话题标签的背景板前进行了拍照留念。活动结束后，我们给来宾发了电子邮件，告诉他们在哪里可以找到照片集，我们鼓励他们下载照片，并用“MotoX”话题标签进行发帖分享。

• **做好你手下高管们的工作**。在许多活动中，公司高管会发言，然后就急匆匆地赶去参加一些规模有限的新闻发布会或接受采访。他们公开露面的时间很短，且被一群自己人包围着，这群人好像在保护他们，但这是在干吗，我也不懂。不过这犯了一个很大的错误。

告诉你的高管们，拿出点高管的样子。他们不仅应该配合来宾去摆姿势拍照，还应主动邀请人家一起拍照。没有人会拒绝这种请求，而且这些照片被分享的概率大约百分之百。

• **在各大平台上分享推广**。一旦有了图片和视频，你就可以在每个平台上分享它们。对摩托罗拉，我们在谷歌+、推特、脸书和INS上分享了照片。目标是让每个参加活动的人能看到关于它的照片和视频，并转发。通过一点社交媒体的努力和魔力，你就可以把活动办成你最想要的样子。

常见问题解答

Q：我们是一家小公司，我们应该使用公司账号还是个人账号呢？

A：你应该使用公司账号，因为在谷歌 + 和脸书上，公司账号比个人账号有更多的功能。此外，万一有人事变动，关于最后到底谁才享有这个账号的归属权，想必你一定不想处理这样的糟心事。

Q：我们应该管理我们员工所发布的帖子吗？

A：我认为公司有公司自己的账号，你提到的是员工的个人账号。一般来说，员工在属于自己的时间内，用自己的账号所做的事与公司无关。然而，当作为公司的员工或业务代表时，他们若是做出一些损害公司形象的事情，那就和你有关系了。你要从根本源头去解决，而不是审查问题的存在。

Q：我们应该针对不同的平台发布不同的内容吗？

A：我是这样做的：在谷歌 + 和脸书上，我会发布我觉得有趣的内容，如三到五个句子，并附上来源链接。在拼趣上，我会发些从网上找来的漂亮图片。在 INS 上，我会发我自己拍的漂亮照片。在推特上，我会上传一些我认为有趣的链接。

Q：我错过了什么？你为什么这么喜欢谷歌 +？

A：我喜欢谷歌 + 是因为它的设计美学，以及它没有用能决定谁来看我帖子的 EdgeRank 算法，并且我觉得它的评论质量也很高。

推荐阅读

Kawasaki, Guy and Peg Fitzpatrick. *The Art of Social Media—Power Tips for Power Users*. New York: Portfolio, 2014.

第 10 章

求雨引流的策略

想象你见到的每个人，脖子上都挂着一块牌子，牌子上写着："让我觉得我很重要"。这不仅能让你获得销售的成功，更能让你获得人生的成功。

——玫琳凯·艾施（Mary Kay Ash）

求雨人是印第安的一种巫师，他们使用仪式和标语来让天下雨。在商界，求雨人指能带来巨大销量的人。像巫师一样，优秀的销售人员也有仪式和标语，让销量如同下雨一般。本章将解释这种求雨的艺术。

有时，孤注一掷，才能成功。

有两个因素让初创公司难以"求雨"：第一，创业者不知道谁会购买他们的产品，也不知道产品的用途；第二，初创公司的产品是他们自己主动出售的，而不是消费者主动去购买的，很少有人愿意冒险去购买刚成立的小公司的产品。

在本章开始之前，先讲一个关于一位创业者如何说服不愿购进其产品的零售商的故事。当时，一家老佛爷百货拒绝购进雅诗兰黛（Estée Lauder）的新香水，这位创业者便把香水洒了一地。之后，由于众多顾客纷纷前来询问这个味道，该店只好购进了这款香水。有时，孤注一掷，才能成功。

10.1 百花齐放

我对这个概念的应用，则是“散播”大量产品，看看它们在哪些市场能发芽开花，受到欢迎，然后再去培育这些市场。

> 当花朵绽放时，你的任务是确定它们在哪里开花，为什么开花，然后据此调整你的业务来收获财富。

遗憾的是，如果有非目标客户用非预期的方式使用产品，碰到这种情况，许多公司都会十分紧张。他们的反应是试图重新定位产品，以便目标客户以预期的方式去使用它。这太蠢了，战术上来说，赚钱是第一位！

当花朵绽放时，你的任务是确定它们在哪里开花，为什么开花，然后据此调整你的业务来收获财富。作为一个刚起步的公司，别挑剔，别骄傲。这里有三个关于“花朵绽放”的例子，现代管理学之父彼得·德鲁克（Peter F. Drucker）都曾引用过，这些例子让人大开眼界。

- 普鲁卡因的发明者，原本创造出普鲁卡因是想试图取代全身麻醉。然而，手术医生并未接受它，仍继续延续传统的方法。但牙医很快采用了普鲁卡因，因此，其发明者便专注于这个非预期的市场了。
- UNIVAC是计算机行业的早期领导者。然而，它认为计算机是科学家的工具，因此，在将其产品推向商业市场时，它表现得犹豫不决。相比之下，IBM并没有把精力放在科学家身上，而是让自己的产品随着商业计算机的发展而蓬勃发展。这就是为什么现在IBM家喻户晓，而UNIVAC只能在历史书上看到了。
- 一家印度公司购买了一项专利，并开始制造有电动引擎的欧洲型自行车。虽然销路一直打不开。但是，这家公司注意到了，他们的很多订单都是只订购引擎。该公司在调查了这一奇怪的现象后发现，人们正在购买这种引擎，并用它代替手动泵来灌溉农田。于是该公司改变业务，销售了数百万台灌溉泵。[1]

10.2 看不见的猩猩

伊利诺伊大学（University of Illinois）教授丹尼尔·J. 西蒙斯（Daniel J. Simons）和哈佛大学（Harvard University）教授克里斯托弗·F. 沙布里斯（Christopher F. Chabris）进行了一项对商业“求雨”有着重大意义的实验。他们要求学生观看两队运动员投掷篮球的视频。学生的任务是统计一队球员将球传给队友的总次数。

视频播放到 35 秒的时候，一位装扮成大猩猩的演员走进视频中，他捶打着胸部，并且在视频中持续存在了 9 秒。事后询问时，50% 的学生没有注意到大猩猩[2]。显然，他们专注于被分配的计算传球次数的任务，而对不相关的事物视而不见。

同样的现象也发生在创业中：每个人都过于关注产品的目标客户和用户，而忽略了他们的产品可能以并非他们预期和目标的方式获得了欢迎和成功。这告诉了我们一个道理：要让产品和业务“百花齐放”，并且应该发现那些非目标和预期的成功道路。

10.3 忽略头衔

“数据库管理员Ⅲ”听起来不像是一个决策者的头衔。它让人联想起一个人被塞进堆满技术手册的凌乱小隔间里，吃着赛百味（Subway）的三明治当午餐的情景。

---

1 Peter F. Drucker, *Innovation and Entrepreneurship: Practice and Principles*（New York: Harper & Row, 1985）, 190–91.

2 Michael Shermer, “None So Blind,” *Scientific American* (March 2004).

> 在许多大公司里，职位越高，氧气就越稀薄；而氧气越稀薄，就越难支持智慧的生命。

当《谨慎的市场营销者：如何在数据驱动的世界维持和盈利》（*The Mindful Marketer: How to Stay Present and Profitable in a Data-Driven World*）一书的作者丽莎·尼莱尔（Lisa Nirell）在 BMC 软件公司担任首席执行官时，一位这样的数据库管理员从该公司购买了价值逾 40 万美元的软件。在这个员工的小隔间里，电话铃声不停地响着。他对他的公司的重大并购活动有着很大的影响力。当执行副总裁对项目或供应商有疑问时，他会去拜访这位数据库管理员先生。

在许多大公司里，职位越高，氧气就越稀薄；而氧气越稀薄，就越难支持智慧的生命。因此，其实组织的中层和底层包含了组织大部分的智慧，这种智慧是欣赏创新性产品所必需的。

有三个曾担任过我助手的人，他们是对我的决策有关键影响力的人，我曾经在他们的影响下做出了很多决定。他们分别是卡罗尔·巴拉德（Carol Ballard）、霍莉·洛里（Holly Lory）和吉娜·波斯（Gina Poss）。我会问："你觉得那个人怎么样？"或者"你觉得这个主意怎么样？"如果他们的回答是"他很粗鲁""他是个自大狂"或"这是个愚蠢的主意"，那我就不会被那个人打动了。

没有显赫头衔的人也会影响销售，这一概念意味着你应该忽略头衔，与任何可能对目标有重要影响或能成为关键影响者的人共事，从秘书、行政助理、个人助理到产品经理、支持经理和数据库管理员。

10.4 学会奉承

从逻辑上讲，接下来的问题是"我如何分辨谁是关键的影响者？"以及"我怎么才能找到他们？"以下是一些方法。

• **咨询朋友和同事**。你一定有些熟人在同一个组织工作。他们会帮助你，因为你也帮助过他们，或者未来会帮助他们。礼尚往来和相互报答是创业者的好特质。

• **在推特上联系该组织的官方账户**。利用公开的推文询问你需要的人名是有效的，因为公司的官方账户害怕不回应推文。这取代了直接拨打公司电话并试图获得姓名的做法。

• **搜索有关该组织的新闻报道**。试着给在文章中出现的人打电话、发邮件、发推特。仔细阅读网站上的“关于”和公关部分。你不试试永远不知道会不会成功。

• **和助手谈谈**。比起老板本人，你可以联系更合适的人。许多秘书、行政助理和私人助理为了不让他们的老板接到你的销售电话，都会愿意给你一个正确的名字。

• **利用人际关系网**。也许你曾经的同事现在就在目标组织工作，也许你和目标组织的人上的是同一所学校，也许某个熟人的熟人能帮上忙。人际关系网可以产生惊人的效果。

很多想法都涉及影响和说服那些不太需要你的人，但你很需要他们。这意味着你要学习如何奉承和讨好，因为他们站在你和决策者之间。当我们谈论“求雨”时，可以把他们想象成雨伞。下面说明如何对付这些“雨伞”。

• **理解他们**。你可能怀疑某人故意阻止你做自己的工作。别自我陶醉，你没那么重要。你只需要再发一封邮件或打个电话，所以当别人没有帮助你时，不要当成是在针对你。

• **不要试图收买他们**。没有人喜欢被收买，或者被认为是可以被收买的人。所以不要送礼物作为贿赂。正确的方法是有一个可信的介绍和坚定的主张，然后尊重和礼貌待人。

• **移情**。你接触到的很多人都挣不了多少钱。与高管的工资相比，他们的工资很低。不要认为这意味着他们应该被你为难和轻视。你应该理解他们工作中的困难。

• **不要抱怨**。永远不要越过级别较低的人去抱怨他们。首先，你的抱怨会反馈给他们，然后他们可能会积极地确保你的目标在组织里没有任何进展。

当你接近这些“雨伞”时，可以问他们以下问题。

- 谁是决策者？
- 决策者依赖谁？
- 谁不能被排除在决策过程之外？

这些问题可能看起来多余，但你是在这里淘金。你想知道关键影响者的名字，而这个关键影响者可能是决策者的儿子或女儿、大学同学或投资者——他们都不在组织结构图上。

10.5 培训

“求雨”最有效的方法之一就是教人们如何使用你的产品。过去，这意味着让人们亲自到一个线下会面地点。而现在，你可以通过网络研讨会，使用 Go to Webinar、WebEx 和谷歌 Hangouts 等服务，轻松地完成这项工作，而且不需要什么费用。

让我来解释一下 Canva 是如何使用这种方法的。Canva 是一款在线设计服务软件，能让人们制作漂亮的图形。人们将它用于社交媒体发帖、eBay 商店、Etsy 商店、Kindle 电子书封面、房地产传单和演示文稿上面。过去，创建这类图形需要购买 Photoshop 这样的产品，然后学习如何使用它。

我们为市场中的公司和协会举办了这个网络研讨会。例如，我们为一个名为 Kirkus Reviews 的图书行业出版物创建了 Kindle 图书封面网络研讨会，为一个名为 Intero 的房地产公司创建了房地产传单网络研讨会。Kirkus 向其用户推广了网络研讨会，Intero 向其代理和经纪人推广了网络研讨会。

为了学习如何使用 Canva，很多人参加了这些网络研讨会。我在加利福尼亚州的家里为网络研讨会授课。在某种意义上看，其总增量成本是零。因为我是一名员工，所以不需要出差，大部分的推销都是 Kirkus 和 Intero 完成的（他们的成本也很低）。

每个人都是赢家：Kirkus 和 Intero 为他们的用户和员工提供了资源；用

户和员工接受了免费培训；Canva 吸引了新用户。这是三赢。

为了让网络研讨会发挥作用，你必须让它的 90% 是教育性的，10% 是宣传性的。在我们的案例中，人们不是参加“Canva 研讨会”，而是学习如何制作书籍封面或房地产传单。

练习

有没有既能用来培训你的客户，又对你的生意有帮助的东西？

____

10.6 招揽不可知论者，而不是狂热者

耶稣自己都没有试图使十字架上的两个小偷皈依；他一直在等，等着其中一人投靠他。

——迪特里希·朋霍费尔（Dietrich Bonhoeffer）

MS-DOS 的狂热者是很难转变为苹果用户的。他们崇拜的是另一个“神”（并且在我看来是虚假的）。而从未用过计算机的人更容易被转变为苹果用户。

他们不熟悉计算机应该是什么样子，应该做什么，以及在哪里购买，这对苹果是有利的。这种情况下，苹果不需要打破他们已经建立的思维方式，更不用提符不符合企业计算标准了。

不可知论者——那些不否认你的宗教，至少愿意考虑你的“神”存在的人是更好的市场。

然而起初，我们追求让财富 500 强的大企业使用我们的产品以取代 IBM 个人电脑。我们失败了，于是我学会了无视狂热者。不可知论者——那些不否认你的宗教，至少愿意考虑你的“神”存在的人是一个更好的市场。

他们比狂热者更容易取悦，因为你为他们打开了一个美丽的新世界——而不是取代一个根深蒂固的旧世界。苹果很少让人们放弃 Windows 操作系统，但苹果给了那些从未使用过计算机的人全新的生活体验。

10.7 让潜在需求说话

大自然给了我们两只眼睛来看，两只耳朵来听，却只给了我们一张嘴来说话。

——乔纳森·斯威夫特（Jonathan Swift）

根据我的经验，那些可能愿意购买你产品的人通常会告诉你怎样达成这单交易。你只要闭嘴听他们说就行了。这听起来很简单，但不懂“求雨”的人是无法做到的。

这个过程很简单：创造一个能让他们接受你提问的舒适环境；提问；倾听答案；做笔记；解释你的产品能如何满足他们的需求（如果它能满足）。然而，许多销售人员在这个过程中失败了，原因如下：

• 他们没有准备好要提出的问题。这需要进行研究以了解前景和你的产品可以如何使他们受益。此外，销售人员害怕提问会让人觉得他们好像不知道答案。

• 他们无法停止说话。因为他们属于销售中的“棒子派”：不停地说话，直到潜在客户同意购买。或者，他们也许可以闭嘴，但是他们懒得倾听。（听力是无意识的，但倾听不是。）

• 他们不记笔记，因为他们的懒惰，或者因为他们认为信息不够重要。在第5章“融资的策略”中提到，记笔记是个好主意——首先，它会帮助你记住东西；其次，将信息写下来，可以向客户表明你足够重视他们。

• 他们对自己的产品了解不足，无法将其应用于潜在客户的需求。这是不可原谅的。

假设你的产品有几个不同的好处（不是特征），如降低成本、打开新市场和减少对环境的影响。首先提到这三个好处，然后让专业人士来反应。他们会表明哪些好处是最重要的。

如果和客户没有共鸣，那就寻找潜在共鸣。注意他们的肢体语言，而不仅仅是他们所说的话。肢体语言会提供给你有价值的线索，会告诉你："要这样才能把东西卖给我。"记住，你在卖，但他们不一定要买，所以你需要做一些调查工作。

10.8 让客户试用

初创公司面临的最大的障碍是客户对惯性和现状的依赖。人们相信现在的产品已经足够好了："我可以用我现有的东西做到我想做的一切。"或者更糟糕的是，"我的员工可以用现有的东西做到要做的一切。"

这并不意味着这些被广泛使用的产品都足够好或是最优的，只是因为客户已经接受了它们。因此，企业家的工作通常是向人们展示他们为什么需要新东西。传统的做法是用广告和促销来达成目的。

然而，市场上充斥着类似的广告：更好、更快、更便宜！此外，作为一家初创公司，你没有足够的资金打广告、做推广，以达到"临界规模"。幸运的是，初创公司吸引客户的一个好方法是，让他们试用产品。这样做，你就是在说：

- "我们认为你很聪明。"（这已经让你从大多数公司中脱颖而出了。）
- "我们不会强迫你成为我们的客户。"（再次让你脱颖而出。）
- "请试用我们的产品。"
- "请你自己决定是否购买。如果你有任何问题，都可以问我们。"

试用这一招对每个企业来说都是不同的。以下是一些值得一提的例子。

• 亨氏（H. J. Heinz）在1893年芝加哥世界博览会上赠送他的泡菜样品。他的展位位于人流稀少的地方，所以他雇用孩子分发门票，承诺参观他的展位并品尝泡菜者将获得免费纪念品。[1]

• 20世纪80年代，苹果公司允许人们进行一个周末的苹果电脑试用。现在

1 Maggie Overfelt, "A World (Fair) of Invention," *Fortune Small Business* (April 2003): 31.

的原则是14天内无条件接受苹果产品的退货或更换，这实际是一个为期14天的试用期。

• Salesforce允许用户在30天内免费使用其软件。这种试用的好处在于，一旦用户使用一家公司的这类产品，就不太可能再换了，因为他已经输入了数据。

因此，停止你对传统且昂贵的产品营销方法的依赖，尝试一下“试用”这一招。这是克服客户潜在惯性和依赖的好方法。

10.9 从拒绝中学习

如果你不是解决方案的一部分，那你就是沉淀的一部分。

——亨利·蒂尔曼（Henry Tillman）

“求雨”被拒绝。事实上，最好的“求雨人”被拒绝的次数更多，因为他们做了更多的尝试。然而，优秀的“求雨人”会从拒绝中学到两个教训：第一，如何提高他们的“求雨”能力；第二，要避免什么样的前景。以下是一些最常见的被拒绝的场景，以及你可以从中学到的东西。

• “你们要求我们改变，我们不想听这些。”当面对一群成功人士，他们过着奢华的生活，认为没有理由改变时，这是一种常见的反应。你听到这种话语，代表你在正确的市场，但在与错误的客户交谈，所以去寻找那些感到难受，渴求改变的用户。

• **“你的行为不协调。”**这种情况往往意味着发生了以下两件事之一：你或你的初创公司要么没有共同行动，要么你冒犯了别人。强迫自己重新审视自己的推销和人际交往能力，以确定是否为前者。如果你冒犯了某人，那就想办法弥补。

• **“你令人无法理解。”**事实上，当你听到这句话时，你通常确实令人难以理解。回到最基本的东西——删掉那些行话，从头开始重新准备和练习你的宣讲。责任在你身上，如果你需要找到一个“足够聪明”的客户才能让他理解他为什么需要你的产品，那么你注定会失败。

- **“你在寻找一个问题的答案。”** 这代表你仍然在你自己的价值主张里向外看。正确的方式是不断调整你的价值主张，直到你能从你的价值主张之外向里看（就像是顾客的视角）。
- **“我们已经决定将另一种产品（或服务）标准化。”** 如果你的产品明显更好，那你就是在把产品卖给错误的人。尽全力去影响那些关键群体。如果你的产品并没有真正地、明显地更好，那就努力让它变得更好。

10.10 管理“求雨”过程

你不能把“求雨”让位于某些“销售类型”或纯粹的运气。这是一个过程，不是一次性的事件或天意，你应该像在创业时管理其他过程一样管理它。以下是一些建议。

- **鼓励每个人都“求雨”**。也许有一天，你的工程师和发明家会把一件新产品扔到工作间的墙上，销售人员就会把它捡起来卖出去。但那一天还没有到来。

知道自己过去的成就很容易，但知道自己未来的方向更难，也更有价值。

- **设定具体的目标**。这些目标包括你希望他们什么时候做决定，以及每星期、每月和每季度的销售额是多少。优秀的“求雨人”是不同的类型：他们需要精确的目标和衡量标准。你不能只告诉他们“走出去，尽你所能做到最好”。
- **跟踪领先指标**。每个人都有跟踪指标，如上个月和季度的销售额。领先指标也很重要，如新产品创意、推销电话或销售线索的数量等。知道自己过去的成就很容易，但知道自己未来的方向更难，也更有价值。

• **表彰和奖励成就**。不要让“求雨人”提交较低的预测，这样他们就可以轻易地达成目标。当然，不要表彰和奖励意图。有一个意图很容易，但“求雨”很难。不过，一定要承认和奖励成就。

如果你不管理“求雨”过程，你将会以“我们的预测很保守”开始，但6个月后，你会说：“我们的销售比预期的要慢”。没有什么比这更令人难过、更令人不安的了，它可能会让你的投资者将你替换掉。

常见问题解答

Q：我应该在哪里找到大型公司中的早期采用者和风险承担者？

A：对于这个问题，我很难给出一个准确的答案。但告诉你在哪里找不到这类人比较容易：在最高层。所以让这些公司百花齐放吧——不要带着先入为主的观念去考虑谁是最早的采用者。你可不能挑三拣四。

Q：我们应该追求那些低垂的果实（最容易达成的目标），还是更具战略性的目标？

A：从生物学的角度来看，树顶的果实得到的光照最充足，最先成熟，低垂的果实可能更容易采摘，但其实没有那么好。

我的经验是，对初创公司来说，销售非常困难，所以这个问题实际上只是一种修辞，你不太可能在低垂的果实和树顶的果实之间做出选择。为了实现你的第一次销售成功，你更有可能二者都尝试。

Q：我们有机会聘请一位“求雨人”，但他想要大量的股票期权，加上每年15万美元的薪酬，再加上7.5万美元的费用账户。他名声很好，在上一份工作中他每年的销售额达到了1 600万美元。他说，这对他来说将是收入的巨大下降。我们为什么要雇用他，而不是寻找制造商的代表？

A：“求雨人”很贵，但如果他们能达到目标，那就物有所值。如果他想要整个世界，听起来好像就是提问中的这种情况，那就让他根据结果制订一个补偿计划来获得它。我不会一开始就满足他所有的要求。我们要看看他是不是真值这个价。

推荐阅读

Cialdini, Robert. *Influence: The Psychology of Persuasion*. New York: Morrow, 1993.

第 11 章

管理商业伙伴的策略

联盟（名词）：在国际政治中，两个小偷联合起来，他们的手深深地插在对方的口袋里，以至于他们不能单独抢劫第三个人。

——安布鲁斯·毕尔斯（Ambrose Bierce）

20 世纪 90 年代，大多数网络公司都结成了合作关系。这些合作关系包括研究伙伴关系、营销伙伴关系、分销伙伴关系和销售伙伴关系。现在看来，合作伙伴确实很多，但成效甚微。

这些公司逐渐认识到，建立合作关系是很困难的。双方都希望二加二能等于五，但大多数情况下，他们只能得到三。问题在于，合作关系的吸引力会诱使公司进行毫无意义的合作。

良好的合作关系应该加速现金流、增加收入、降低成本。建立在坚实的商业利益基础上的合作关系更有可能成功。本章将解释如何建立重要且持久的合作关系。

11.1 因“电子表格”而结成合作伙伴

有效的合作关系可以让公司加速进入一个新的地区和市场，打开额外的分销渠道，加速新的产品的开发，并降低成本。

我称这些为“电子表格”原因，因为它们会影响你的财务预测。不幸的是，许多公司并不是为了能在电子表格中反映更好的财务预测而建立合作关系，他们可能只是因为其他人都是这样做的，或者只是为了交易的快感。

规则很清楚：如果你的电子表格（财务预测）不改变，你的合作关系就一文不值。

例如，苹果公司和美国数字设备公司（Digital Equipment Corporation）在20世纪80年代末建立了合作关系，以此回应媒体对这两家公司的批评：苹果公司没有数据通信方面的报道，美国数字设备公司没有个人电脑方面的报道。这一联盟几乎没有任何成果，且没有任何产品使得苹果公司在重大业务的数据通信方面有所建树，而美国数字设备公司在个人电脑的设备方面也没有因此而有所涉猎。除非它会增加成本，否则我怀疑两家公司的财务预测根本不会受到影响。这充其量是一种公关策略，目的是让媒体的目光离开这两家公司。

从这个案例中，我们可以学到珍贵的一课：绝不要为了公关而建立合作关系。

苹果公司与一家名为阿图斯公司（Aldus Corporation）的初创公司建立了更为成功的合作关系，后者是PageMaker的发行商。当时苹果公司正陷入困境，因为大企业认为麦金塔计算机只是一个玩具级的产品，不能当作商用计算机。

苹果公司需要一个重量级的应用程序来推动麦金塔计算机的销售。与此同时，阿图斯公司需要通过增加分销渠道、培训零售销售人员、发掘大客户以及培训最终用户等方式，来帮助其销售软件。

合作关系中，每个组织都需要对方来帮助增加收入。苹果公司凭借其销售团队、广告和市场影响力，可以帮助阿图斯公司实现“临界规模”。阿图斯公司为人们提供了一个理由，让他们购买麦金塔计算机而不是Windows计算机。苹果公司和阿图斯公司的合作创造了一个叫作DTP（桌面出版系统）的新市场，这既拯救了苹果公司，也造就了阿图斯公司。

练习

回到你在第4章中所做的自下而上的收益预测。“你考虑的合作关系是否会改变你财务预测中的任何数字？”

____

11.2 定义可交付成果和目标

如果你接受了良好合作关系的基础是传播表单结果的想法，你就会明白为什么下一步是定义可交付成果和目标，如额外收入、降低成本、新产品、新客户、新的地理市场、新的支持程序、培训和营销方案。

然而，很少有公司会定义可交付成果和目标，其原因有二。第一，合作关系是建立在宣传基础上的，因此很难提出具体的可交付成果和目标。这不是个好兆头。第二，不那么令人沮丧的是，人们没有建立可交付成果和目标的规则，因为他们忙碌、混乱、懒惰，或者他们害怕测量结果。

以下是一份合作关系成员应定义的领域的清单。

- 各组织将交付什么？
- 他们什么时候交付？
- 每个组织必须达到哪些中期检查指标？

你会发现，通过建立在“电子表格”的数字上的合作关系，并定义可交付成果和目标，你的成功率将增加两倍。

11.3 确保公司中底层人员喜欢这种合作

苹果公司和美国数字设备公司合作关系的第二个根本缺陷是两家公司的中层和底层员工（也就是真正完成工作的那些人）都不相信这种合作。

> 最好的合作关系往往始于公司的中下层之间，这时高管们还没有参与进来。

当时我还是苹果公司的一名员工，我就在想，那些东岸的小型计算机公司的人会给我们带来些什么呢？可以肯定地说，美国数字设备公司的员工在想，我们为什么要与一家制作可爱图形玩具的古怪的加利福尼亚州的公司合作？

如果你想让合作关系发挥好的作用，不要只专注于起草一份新闻稿，然后让首席执行官出席新闻发布会。你要确保中下层员工理解这个决策的目的，让他们希望合作行得通，并重视彼此的贡献。

如果要宣布，也应该在合作顺利开展之后宣布。最好的合作关系往往始于公司的中下层之间，这时高管们还没有参与进来。

11.4 找到内部的拥护者

合作关系需要内部的拥护者来运作。首席执行官很少能担任这个角色，因为他们大多都太忙或者注意力不足，抑或两者兼而有之。在理想情况下，内部拥护者应该是一个人或一个小团体，他们相信合作关系，并愿意与之同生共死。

很多人都听说过苹果公司的前首席执行官约翰·斯卡利（John Sculley）。但很少有人听说过约翰·斯库尔（John Scull），他是苹果“桌面出版系统”

领域的内部拥护者，他是苹果公司能在1985年这个新生市场上立足的关键人物。

是约翰·斯库尔说服了苹果公司的工程、销售、培训、营销和公关人员来帮助阿图斯公司。同时，他与阿图斯公司合作，满足了苹果公司对产品信息、软件复制以及分析企业客户硬件需要的需求。此外，他还向记者和专家们宣传“桌面出版系统”。不论在内部员工还是外部各方看来，约翰·斯库尔都是“桌面出版系统”的大功臣。

如果“桌面出版系统”失败了，这将全是约翰·斯库尔的错。而它成功了，这就成为许多人智慧的结果（这就是拥护者的生活）。以下是从约翰·斯库尔“桌面出版系统”的成功中总结出的经验。

• 在每个组织中确定一个单一的人员。公司的成功并不是建立在每个人贡献一小部分时间的基础上的。每个组织应该至少有一个人，最多两个人，被指定为该合作关系的内部拥护者。

• 合作成功是拥护者的唯一目标。对他们来说，除了合作关系，什么都不重要。因此，拥护者很少是高管，因为高管们总是有其他事情要做。

• 赋予拥护者权力。要使合作关系顺利，就需要跨越内部部门、优先权和地盘。这可能会触犯别人的利益，让他们做他们不想做的事情。因此，管理层必须赋予拥护者权力，只有这样，才能让事情顺利进行。另外，有一个听起来像首席执行官的名头也是很有帮助的。

11.5 强调优点，但不要掩盖缺点

苹果公司和美国数字设备公司合作关系的第三个缺陷是，其合作是建立在两家公司的弱点上的：两家公司都试图掩盖他们产品的根本缺陷。其理念是：你们掩盖我们的弱点，我们也会掩盖你们的弱点；我们一起，就能骗过所有人。

一个更好的理念是强调双方的优势，这是苹果公司和阿图斯公司合作关系的基础。阿图斯公司制造了重量级软件。苹果公司制造了重量级硬件，还拥有营销资源、现场销售人员、培训师和全国客户关系。

11.6 达成双赢协议

由于许多合作关系是在规模迥异的组织之间形成的，所以较大的组织往往受到要让自己赢而对方亏损的诱惑。然而，要使产品、客户和资金在合作中流动，使合作成功，必须双赢。

1990 年，美国联合包裹服务（UPS）和 Mail Boxes Etc. 达成了一笔双赢的交易。[1] Mail Boxes Etc. 提供包装、运输、收货、秘书工作、传真和影印服务。UPS 向该公司投资了大约 1 100 万美元，以下是双方能双赢的原因。

- UPS获得了方便全国范围内客户投递和领取包裹的站点网络。它不需要投入时间和金钱来建立和运营自己的办公室。
- Mail Boxes Etc.锁定了UPS的业务，避免了如果UPS决定建立自己的办公室将会出现的竞争，并从UPS的客户那里获得了新业务。

许多合作关系的不平衡并非必然产生的，而是因为较大的一方可以迫使较小的一方接受不利的条件。这对双方来说都不是个好主意，原因有以下三个。

- 一方赢一方输的交易不会持久。压迫不太可能建立一种可持续的制度。
- 如果你想让双方的中下层支持合作，那么他们必须把它视为对自己有利的合作关系。
- 这是恶报，因果报应这一说，在合作关系中很重要。

如果你在一家初创公司，无论条款多么有吸引力，你都要小心一方输一方赢的合作关系。这种关系很少成功。如果你在一家大公司工作，控制好自己的情绪，建立双赢的合作关系。这是唯一可持续的关系。

1 George Gendron, “A Sweet Deal,” Inc. (March 1991).

11.7 晚些起草法律文件

对某些人来说，50 岁以后，打官司取代了性。

——戈尔·维达尔（Gore Vidal）

这是一个非理论性的问题。哪一个排在前面：是一次思想会议，还是一份详细说明合伙关系的法律文件草案？

许多组织在开始讨论时会准备一份文件草案。这样做的理由是：无论是谁起草草案，都具有内在的优势。实际上，这是一种高风险的做法，原因有以下两个。

• 如果你在交易早期寻求法律建议或许可，你会得到更多不进行这场交易的理由，多于进行这场交易的理由。许多律师认为，他们的角色是监护人，目标是防止愚蠢的交易发生。他们的偏见是，在这场交易被证明是好的之前，都将它当作坏的。

更好的方法是在你请律师之前就商业条款和对方达成一致。然后找一个想进行交易而不是阻止交易的律师建立一个法律框架。在找到合适的律师后，你需要建立正确的视角，即“这就是我想做的”“别让我进监狱了”，而不是只会问“我能做这个吗”。

• 不要在合作进程早期要求法律文件，文件要承担起自己的命运。例如，它可能会被转发给一位高管，而这位高管并没有被告知“这只是我们思考的一个起点”。意想不到的结果是：这份文件过早地在管理层中发出了危险信号，使合作进程偏离轨道。

这里有一个更好的方法。

（1）双方聚在一起面对面地讨论交易要点。这可能需要多次会议。

（2）当你们开始商定时，在白板上写下要点。

（3）写一封一到两页的电子邮件，概述合作关系的框架。

（4）通过电子邮件、电话和后续会议确认所有细节。

（5）起草法律文件。

许多人试图直接从第一步走到第五步，这不是一个好主意。一份文件应该在讨论之后，根据讨论结果做成，而不是在那之前，以引导讨论。

11.8 在交易中加入“退出”条款

就像日本人说的那样，“Mazel tov（恭喜）”——交易就快完成了。因为双方达成双赢，这时你最不想看到的就是你的搭档终止了协议，对吧？

一个安全阀能让每个人都冷静下来，更努力地工作，让合作关系发挥好的效果。

也许这听起来有点不合常理，但你应该在合同中加上一条退出条款——类似这样的条款：“任何一方在提前30天通知后可以终止本协议”。其原因是，易于退出可延长交易的期限，它能保证双方都不会陷入无法维持的困境。

一个安全阀能让每个人都冷静下来，更努力地工作，让合作关系发挥好的效果。此外，当合作关系不是永久生效的时候，人们更有可能冒险和创新。

不要误解我的观点，我并不是提倡建立不稳定的合作关系。我的主张是：合作关系之所以稳定，应该是因为它们是有价值的，而不是因为法律强制的。

11.9 逃离蛇腹

用《创业势在必行》（*The Venture Imperative*）一书的合著者海蒂·梅森（Heidi Mason）的话来说，试图与一个规模更大、已建立的组织建立合作关系，就像“进入蛇腹”。你可能做到了，但最后你会变成一堆骨头。因此，识别和解释合作关系中最常见的12个谎言是很重要的（很难缩小到10个），如表11-1所示。

我不喜欢用沮丧的内容来结束这一章，但在那些“蛇”靠近你，将你生吞活剥之前，你要听听这些谎言和夸张之词。

表11-1

大公司的说辞	他们的实际意思
“我们这么做是出于战略原因”	他们不明白为什么这个合作关系很重要
“我们的管理层真的很想这么做”	一位副董事听了这个提议30秒后还没有否决
“我们会尽快推进的”	还没人跟法务部谈过
“我们的法务部不会成为问题”	法务部要成为大问题
“我们希望在发布新产品的时候宣布我们的合作关系”	我们的进度大大落后了
“工程团队真的很喜欢它”	营销团队一定会恨之入骨
“营销团队真的很喜欢它”	工程团队一定会恨之入骨
“营销团队和工程团队都很喜欢它”	律师团队一定会恨之入骨
“营销团队、工程团队和律师团队都很喜欢它”	它太好了，不可能是真的
“我们最关心的是你们能否做到极致”	你们比我们想的聪明
“我们正在组建一个跨职能团队，以确保这个项目的成功”	没有人对这个项目的成败负责
“我很快就要离开了，但我已经找到了一个很棒的人来接替我在这个项目中的职位”	我们搞砸了

常见问题解答

Q：既然合作关系应该是平分秋色的双赢局面，那么双方难道不应该在设立会议、推动进程、让员工合作等方面各让一半吗？

A：“应该”和“愿意”是两码事。你说得对，对方应该让步，但他们不会让步。如果你想要合作、销售，或者让任何交易发生，你就不得不做一些事。对方可能欠你一个电话或回复，但不要只是等待。再打过去。你必须付出百分之八十的努力才能有所成就，所以放下你的骄傲吧。

Q：如果我的合作伙伴比我更庞大、更成熟、资金更充裕，我该如何避免被他们欺负？

A：对那些看上去正确的事情，永远不要去相信，或者至少不要表现得你好像相信一样。你要知道，就像你需要对面的庞然大物一样，庞然大物也需要你的产品。你要尽量获胜，但如果交易对你不利，也不要害怕，及时离开。

Q：我们现在的合作关系没有任何进展。我们应该投入时间和金钱让它们有所进展，还是放弃它们？

A：有句古老的医学谚语：没有什么比防止尸体发臭更有英雄气概的行为，但也没有什么比这更徒劳无益了。将你的精力集中在正在发挥作用的合作关系上，以及那些有更大前景的新合作关系上。但在你承诺建立新的合作关系之前，要弄清楚为什么之前的合作没有成功。

推荐阅读

Rezac, Darcy. *The Frog and Prince: Secrets of Positive Networking to Change Your Life*. Vancouver: Frog and Prince Networking Corporation, 2003.

RoAne, Susan. *The Secrets of Savvy Networking: How to Make the Best Connections for Business and Personal Success*. New York: Warner Books, 1993.

第 12 章

让公司持久的策略

持久的胜利并不是一切，但准备胜利的意愿就是一切。

——文斯·隆巴迪（Vince Lombardi）

创业不是短跑，因为它需要数年才能实现。创业也不是马拉松，因为它可能经历多个项目。用十项全能比赛来形容创业就更接近了，但十项全能不是团体运动。没有任何体育项目能够恰当地类比创业。创业需要一个团队同时做十件事。将十项全能作为比喻，可以说这是一场持久比赛。在这两种情况下，成功者都是那些掌握了持久策略的人。本章介绍如何让你的初创公司持续下去。

12.1　努力实现内部化

内部化意味着让人们相信你的产品以及你的做事方式。例如，麦金塔计算机的“内化者”相信的是一种透明的、所见即所得的方法，以及对个人效率的提升。产品的内部化是让产品持久的强大方式。说明这一概念的最好方法是举一些有客户内部化产品的公司的例子，如表 12-1 所示。

表 12-1

公司	事业理念
Chez Panisse餐厅	使用当地的农场，直接进行餐桌配料
Etsy网络商店平台	赞美手工和创业精神
哈雷 · 戴维森（Harley-Davidson）	叛逆又强悍
造物者聚会Maker Faire	在实践中学习
Philz Coffee	改善你的生活
Zappos	默认信任人们

内部化很难实现，但它的效果会持续很长时间。1983 年，我对麦金塔计算机内部进行了内部化处理，在苹果公司工作了很多年之后，我仍然对它进行布道。（在使用计算机的 32 年中，我只买了一台 Windows 计算机，我很久以前就给了慈善组织——Goodwill。）

12.2 推进实施

确保金字塔下层的人实施变革是培养持久力的另一种方式。例如，解决武装冲突的传统观点包括将对立部队的领导人聚集在一起。假设这些领导人能够得到他们人民的支持和一致同意。

真正的工作是由上下两部分完成的。

一个致力于促进和平的慈善组织——调解资源基金会的西莉亚 · 麦基翁对以下内容表示不赞同。

传统的外交和协调解决办法主要集中在对和平进程的狭隘认识上，换句话说，对立团体的政治和军事领导人的关键任务是在以探索、达成协议和实施措施为目的的对话和谈判进程中，为结束暴力冲突、和平共处创造条件。这种做法的信念是：领导人有权做出决定，并支持任何由此产生的解决办法。

然而，现代内战为对和平进程有更全面的理解提出了有力的证据。对立团体的领导人之间的谈判并不在社会或政治的真空状态下进行。他们有时可能无法充分解决这些行动者与受武装冲突影响和参与武装冲突的其他团体之间复杂、动态的相互关系，包括政党选区、更广泛的公众，甚至更广泛的区域或国际部队。因此，人民在其城镇或村庄、区域、国家和国际层面的独立倡议有可能成为解决这些复杂问题的更广泛和平进程的关键因素。

换句话说，实现和平始于人口的中层和底层，而不是上层。例如，1998 年，在平民的帮助下，秘鲁和厄瓜多尔之间的边界争端得以持久解决。这一进展来自马里兰大学的一个名为“厄瓜多尔—秘鲁：走向民主和合作冲突解决倡议”的研讨会。

研讨会第一次于 1997 年举行。厄瓜多尔和秘鲁的 20 名平民组成了马里兰游击队，他们共同努力，为解决武装冲突找到了共同点。其成员有学者、商人、教育工作者、记者和环保主义者等，他们有相似的特征——都不是政治或军事领导人。

要坚持创业，不要依赖高层。他们有自己的追求，如权力、金钱和自我形象，这并不一定反映了整个人类的议程，更不用说更伟大的利益了。中层和底层是增强持久性的关键因素。

12.3 使用内在的方法

明尼苏达大学的教授凯瑟琳·沃斯（Kathleen Vohs）进行了一系列的实验，研究了金钱对人们行为的影响。以下是三个概要，提供了洞察金钱对行为的影响。

• 研究人员告诉实验对象他们要玩大富翁。在资金方面，研究人员提供了4 000美元、200美元或0美元的游戏钞票。当他们离开实验室时，一个同伴扔掉了一袋铅笔，实验人员测量了实验对象为同伴拿了多少铅笔。接受4 000美元的实验对象拿的铅笔最少，没有拿到钱的实验对象拿了最多的铅笔，而200美元的实验对象表现居中。

> 如果你创办了一家伟大的公司，你不需要用钱，把钱投入进来可能会破坏你的努力。

• 研究人员给实验对象两个小时的时间，让其将短语整理成句子。有些短语涉及钱，有些则没有。在实验结束时，实验对象被要求向一个学生基金捐款。那些提到钱的人比那些没有提到钱的人捐赠的少。

• 研究人员将实验对象安排在一个有计算机的房间里，计算机一共有三种类型：没有屏幕保护程序、显示金钱的屏幕保护程序、显示鱼的屏幕保护程序。研究人员为实验对象安排两把椅子，以便其与其他实验对象见面。那些看过金钱屏幕保护程序的人比那些没有屏幕保护或显示鱼的屏幕保护程序的人会把椅子分开得更远。

你可以忽略这些研究，因为它们属于“这些都是大学生的研究项目”，所以这并不意味着整个世界都是这么运作的。但研究结果是真的，它们可能表现出了一点，让人们暴露在金钱之下会影响他们的态度。因此，外部奖励并不会让你的初创公司持续下去。

最明显的例子就是维基百科。志愿者和“业余爱好者”创造了世界上最伟大的信息资源；没有人捐款。相比之下，微软向英卡塔（Encarta）投入了数百万美元，但这个项目仍然失败了。

许多组织试图通过提供佣金和会员费来鼓励布道者向客户提供帮助，但这种诱惑往往会引起潜在客户的怀疑（你为其布道是因为你得到了报酬吗？），从而改变公司与客户关系的性质（我为其布道是因为我得到了报酬吗？）。

如果你开了一家糟糕的公司，钱就没有了。如果你创办了一家伟大的公司，你不需要用钱，把钱投入进来可能会破坏你的努力。

12.4　互相帮助

互相帮助是一个有助于你培养持久性的强大工具。例如，1935 年意大利人侵埃塞俄比亚，墨西哥不仅谴责其侵略，而且向埃塞俄比亚捐助资金帮助其防御。没有其他国家像墨西哥那样支持埃塞俄比亚。

1985 年，墨西哥发生大地震，埃塞俄比亚捐款 5 000 美元回报 50 年前墨西哥的帮助。5 000 美元听起来不是很多，但埃塞俄比亚此时正遭受其历史上最严重的饥荒。所以是一个闹饥荒的国家给了 50 年前曾帮助他们的国家资金支持。

另一个关于互相帮助的故事：南卡罗来纳州西哥伦比亚市白诺尔中学的孩子，在 2001 年梅西百货感恩节大游行中向纽约市市长鲁迪·朱利安尼赠送了一张 447 265 美元的支票。学生们筹集这笔钱是为了让纽约能够购买一辆消防车以替补在“9·11”事件中丢失的那辆。（不可否认，其中包括一位富人的一笔巨额捐款。）

来自南卡罗来纳州的孩子们也得到了回报，因为在 134 年前，纽约市民在他们得知哥伦比亚市在使用水桶灭火之后，他们筹集资金给哥伦比亚市买了一辆消防车。当第一辆消防车在去哥伦比亚市的途中沉没时，纽约市民筹集了更多的资金并送了第二辆消防车。南方联盟一个名叫塞缪尔·梅尔顿（Samuel Melton）的前上校被纽约市民的慷慨所感动——其中许多人是联邦士兵。他代表哥伦比亚市发誓——“如果不幸降临纽约”，他将给予回报。

> 如果你付出了很多，你就会得到很多。

以下是为你的产品唤起互相回报的关键信息。

- **提前给予**。在需要别人帮忙之前先帮助别人。但是当你所做的事情和你想要别人帮你做的事情之间有明确的联系时，它就很明显成了交易，只想帮忙而已。

• **快乐地给予**。最纯粹的给予方式是给予那些似乎无法帮助你的人（如内战后的哥伦比亚大学），并且不期望回报。具有讽刺意味的是，以这种方式给予，往往会带来最大的回报。

• **经常慷慨地给予**。“你播种，就会收获。如果你付出了很多，你就会得到很多。如果你给予高质量的帮助，你就会得到高质量的帮助。”抛开“一直结束”的销售口号，想想“一直付出”。

• **意外地给予**。维珍集团（Virgin Group）的主席理查德·布兰森（Richard Branson）和我曾在莫斯科举行的一次会议上交谈过。他问我是否坐过维珍集团的飞机。我告诉他没有，就在那时，他屈膝跪下，给我擦了擦皮鞋。从那时起我就乘坐维珍美国航空。多年后，我也得到了回报。

• **告诉人们他们能如何回报你**。当你需要帮助的时候，不要犹豫，去寻求帮助。这是一个很好的做法，因为它减轻了接受帮助者的压力，你为他提供了一种偿还人情的方法。这使得受到帮助的人能够要求和得到更多的帮助，你们的关系也会更深入。

我从罗伯特·恰尔迪尼（Robert Cialdini）那里吸取了这些教训，他是《说服心理学》（*Influence: The Psychology of Persuasion*）的作者，倘若我不告诉你，如果你想成为一个成功的企业家，你就要读这本很棒的书，那将是虚伪和讽刺的。

12.5 调用一致性

40名热爱夏威夷独特文化和生活方式的年轻人成立了一个名为卡努夏威夷的组织。他们之所以开始，是因为环境的变化、文明程度的下降、高成本的生活和工作机会的减少威胁到了他们热爱的东西。

卡努夏威夷要求其成员做出个人承诺，如购买当地制造的产品就要清理海滩。然后，它可以帮助会员通过脸书、推特和电子邮件向朋友和家人公开传达这些承诺。这鼓励了他们的后续行动，因为人们想要他们所做的事情和他们说他们要做的事情一致。

调用一致性可以帮助你的初创公司持久，因为它在选择和重新考虑过去的决策之间提供了一种精神上的突破。它也使人们能够避免他们的想法和行为之间的冲突——我是一个可敬的人，如果我不按我说的去做，那意味着我不是一个可敬的人。

如果你能鼓励人们采取这些行动，调用一致性是让你的初创企业持久下去的强大方式。

- **进行具体的承诺**。当非营利组织筹集资金时，他们会试图让人们承诺进行一笔特定数额的捐款。这比“当然，我会给他们一些东西”要有效得多。“书面承诺更强大，所以不要低估承诺的力量！”
- **向他人传达这些承诺**。当人们让别人知道他们已经做出了承诺时，他们往往会完成这个承诺。因为不这样做会让他们感到自己的不诚实和没有毅力。
- **认同相同的价值观和目标**。当你帮助人们识别你的初创公司的价值观时，他们的行为通常是支持你的。例如，如果人们认同节能措施，他们就更有可能支持你的绿色产品。

然而，调用一致性也有一个令人担心的方面。即这是一种玩弄人们思想的形式，一致性使人们做了一些违背他们最大利益的事情，而且是一种极端的、彻头彻尾失败的事情。因此，当你使用这个方法时，请多衡量自我的道德天平，因为有些目的并不能证明这些手段是合理的。

12.6 借用社会证明

iPod 开始流行的原因之一是它使用了白色的耳塞。当时大多数设备都有耳机，它们的耳机都是黑色的，所以人们知道白色的耳塞就是 iPod。

> 社会证明并不适合制造无用的东西——事实上，社会证明可以（而且应该）减少无用的东西。

社会证明了白色耳塞存在的好处，也让人们觉得买它的感觉很舒服。然后他们就会买更多，他们就曝光了更多的社会证明。这鼓励了更多的人购买 iPod，这是一个强大的螺旋上升过程，应该会激起任何企业家的兴趣。

社会证明是让你的产品持久下去的一种强大方式。以下是实现工作所必需的关键因素。

- **伟大的产品**。这是本书反复出现的主题。社会证明并不适合制造无用的产品——事实上，社会证明可以（而且应该）减少无用的东西。
- **担心错过**（FOMO）。担心错过是一个非常有用的因素。如果我不购买 iPod，那么我会错过美妙的音乐体验。当涉及酷的现象时，人们不想当旁观者。
- **默认行为**。耳塞颜色的选择只有白色。这是默认的。你应该尝试把提供社会证明作为默认设置。例如，苹果手机的电子邮件包含“从我的iPhone发送”的文字。人们可以删除此文本，但很少有人这样做。

- **临界质量**。社会证明有几种指标：专家（Marques Brownlee）、影响者（William Shatner）、使用者（Yelp）和人群（“超过10亿人次”），因此，需要考虑一下什么样的社会证明在你的市场中是最有力的，并使用所有可用的工具去完成它。

练习
你如何调用产品的社会证明？ ______________________

12.7 建立生态系统

加利福尼亚州桑尼维尔的一家名为佩利（Pley）的公司为乐高（LEGO）玩具套装提供订购服务。你创建一个愿望清单，当你退还一个选择时，Pley 将会发送下一个。它的模型类似于 Netflix，退还你拥有的 DVD 后，你会收到一张新 DVD。

Pley 是乐高生态系统的一部分，为喜欢建造但不保留新装备的人们提供了很酷的服务。生态系统的存在使得像 Pley 这样的玩家可以提高使用产品的满意度。就像成千上万的 Android 开发人员努力让拥有 Android 手机的人更满意。

此外，生态系统就是一个信号，它表明你的产品足以成功拥有一个生态系统。如果有其他公司的支持，你的产品一定会很好。举个反面的例子，Microsoft Windows 智能手机缺少应用程序表示它不成功，只有拥有更多应用程序才会成功。

以下是生态系统的主要组成部分。

- **咨询顾问**。这些人在帮助他人安装和使用产品方面拥有专业知识。他们增加了产品的效用，并且对你的成功有既得利益，因为只有你的产品继续销售，它们才能提供服务。

- **开发者**。无论是像Xbox这样的游戏盒、麦金塔这样的计算机操作系统，还是像推特这样的在线服务，开发者都是一个平台成功和生存的巨大因素。这些人创建的游戏、应用程序和服务能够增加平台的效用。

- **经销商**。商店和经销商为人们提供了一种方便的方式来尝试和购买你的产品。他们为你宣传，并提供了信誉——百思买不会囤积垃圾。

- **用户群体**。在20世纪80年代和20世纪90年代，苹果公司努力让麦金塔在最黑暗的时刻取得成功，有数百名麦金塔狂热者自愿经营用户群。当苹果公司不能或不愿意提供信息时，这些团体提供信息、支持和热情。

- **网站和博客**。爱好者，通常是顾问和开发者，他们在休息时间经营专门致力于特定产品的网站和博客。试着在谷歌搜索“Word出版社的博客”，看看Word出版社的生态系统如何使其成为一个更好的工具。这些网站的存在可以帮助和确保客户及潜在客户。

- **在线的特殊利益团体和社区**。公司和产品的粉丝在互联网上组成了特殊的兴趣集团，如蓝牙特殊兴趣集团。在这些网站上，人们交换想法、寻求和提供支持，并释放动力。如果你的产品影响了很多人，他们很有可能会做一件你正在做的事情。

- **各种会议**。当你知道你的产品已经足够强大时，就可以举行会议了。当你为你的产品召开会议时，它会帮助你迅速成长，因为人们相信只有受到大量批评的产品才能促使一次会议的召开。

现在，你了解了生态系统中的关键参与者，以下是构建生态系统的关键原则。它们类似于创建社区的原则（见第 8 章“布道宣传的策略”）。

- **创造一些值得建立一个生态系统的东西**。再一次强调，布道、销售、宣讲和现在的生态系统的关键是有一个好的产品。事实上，如果你创造了一个伟大的产品，你可能无法阻止一个生态系统的形成。相比之下，你很难围绕一个差的产品去建立一个生态系统。

- **指定一个冠军**。许多员工想帮助建立一个生态系统，但谁会每天都把这个任务放在她的任务首位呢？另一种看待这个问题的方法是，“如果一个生态系统没有建立，谁会被解雇呢”。生态系统在公司内部需要一个冠军——一个可识别的英雄来为这个团体高举旗帜。

• **不要与生态系统竞争**。如果你希望人员或组织参与你的生态系统，那么你就不应该与他们竞争。例如，如果你希望人们为你的产品创建应用程序，那么就不要销售（或赠送）具有相同功能的应用程序。当苹果公司很难说服公司创建一个麦金塔文字处理器时，他们便放弃了麦金塔文字处理。

• **创建一个开放的系统**。“开放的系统”意味着对参与的要求最低，对参与操作的控制最小。“封闭的系统”是指你可以控制谁参与以及他们能做什么。任何一种都可以工作，但我更推荐开放的系统，因为它无政府的个性赢得了的我信任。

这意味着你的生态系统的成员将能够编写应用程序、访问数据，并与你的产品进行交互。我在这里使用了软件术语，但重点是让人们能够定制和调整你的产品。

• **发布信息**。一个开放系统的自然补充是出版关于该产品的书籍和文章。这可以将信息传达给产品外围的人。出版还能够向世界传达，你的初创公司是开放的，愿意帮助外部各方。

• **促进话语沟通**。“话语”的定义是“口头交流”。关键字是“交换”。任何想要一个生态系统的公司都应该促进思想和意见的交流。这意味着你的网站应该提供一个论坛，人们可以与其他成员以及你的员工接触。这并不意味着你让生态系统管理你的公司，但你应该听听成员的意见。

• **欢迎提出批评**。大多数公司只想要他们的生态系统表现出好的一面，客户购买他们的产品，而且从不抱怨，他们就会对自己的生态系统感觉良好。然而，一旦生态系统出现任何负面言论，许多公司就会被吓坏，然后开始防御，这很愚蠢。一个健康的生态系统是一种长期的关系，所以一个公司不应该在第一次出现负面言论时就开始防御。事实上，一个公司应该欢迎，甚至庆祝批评，这样它与生态系统的联系就越紧密。

• **创建一个非货币性的奖励制度**。你已经知道我对收买别人的感觉了，但这并不意味着你不应该以其他方式奖励别人。公众的认可、徽章、积分对公众的影响更大。很多人并不是为了钱而参与一个生态系统的，所以不要通过奖励金钱来侮辱他们。

底线是，你应该尽你所能在你的产品周围培育一个生态系统。它是一个强大的工具，可以增加客户的满意度，并且更轻松地吸引新的客户——简而言之，它能使你的产品持久。

12.8 多元化的团队

多元化的团队可以帮助初创公司持续发展，因为有不同背景、观点和技能的人能让初创公司保持新鲜感。

> 用不同的人员和能力填充你的初创公司是让初创公司持续发展的有力途径。

理想情况下，你希望拥有不同年龄、性别、种族、经济地位、宗教和教育背景的人作为团队的一员。除了这些明显的差异之外，你应该期望他们能够扮演不同的角色。

为你的初创公司配备各种各样的人和能力是让初创公司持续发展的有力途径。在一家无法持久的初创公司，员工并不具备多样性。

12.9 照顾好你的朋友

每个人都可以很棒……因为任何人都可以服务。你不需要有大学学位才能服务。你不需要让主语和动词同意服务。你只需要一颗充满优雅的心。一个由爱产生的灵魂。

——马丁·路德·金（Martin Luther King Jr.）

提供强大的客户服务来照顾你的朋友可以使你的初创公司更持久，因为如果有很好的服务，人们就会坚持使用那些不是最新的，但是最好的产品。例如，德里克·西弗斯（Derek Sivers）认为他的公司 CD Baby 成功的原因不是其功能、设计、价格或合作伙伴关系。他说，首要原因是客户服务的质量——特别是客户可以与 CD Baby 上的真人交谈。

以下是出色的客户支持的关键要素。

• **慷慨和信任**。根据西弗斯的说法，强大的客户服务来自慷慨和丰富的心态，糟糕的客户服务来自闭塞的心态。慷慨大方的思维定式的后果是，你可以提供电话支持，让人们无须购买就可以使用你的休息室，并提供免费的Wi-Fi接入。

毫无疑问，bean 计数器会告诉你，如果每个客户都需要技术支持，如果每个人都使用你的休息室，并且每个损坏的产品都可以免费更换，那你就倒闭了。如果从字面上看每个人都做到了，但每个人都不会做到，这可能是现实的。因此，请慷慨地为你的客户提供支持服务，看看获得声誉的好处是否可以超过更高的客户服务成本。

• **能够控制你的客户**。你曾经在Nordstrom购物过吗？如果你想学习如何提供强大的支持。当你在Nordstrom购物时，你就可以控制一切——你可以在它的任何部门购买商品，然后在其他任何部门付款。当你要包装礼物时，他们不会把你晾在一边。他们总是微笑地在销售柜台包装礼物。

大多数公司都有禁止退款和交换的规则，禁止拿出免费样品，或者接听电话。对待客户的正确方法是根据自己的利益做事，而不是遵守规则，因此请你控制客户，让员工做正确的事。

承诺不足和交付过多，无法提供强大的支持。

• **对你的缺点负责**。糟糕的服务人员拒绝为公司的缺点负责；良好的服务应当对公司的缺点负责。同时，出色的服务也将对客户的缺点负责。

我在 Nordstrom 买了一件燕尾服，但我在那里丢失了在别处买的两个吊坠。我们找了一个小时都找不到。但是经理向我保证，他们的裁缝是一个长期的、值得信赖的员工。几周后，吊坠仍然没有出现，Nordstrom 赔偿了我的损失，尽管我没有在那里购买它们。关键是，Nordstrom 已经对损失负责，即使这不是它的错——几个月后，我发现了这两个吊坠，便把钱还给了 Nordstrom。

• **承诺不足和超额投放**。如果你在迪士尼公园正式开放前几分钟到达那里，员工们会让你进去，而不是让你等待。迪士尼公园的官方年龄政策是，三岁以上的孩子必须支付入园费用，但他们从来没有问过你的孩子有多大。有标识告诉你需要排队多长时间，但时间长度是被放大了的，因此让你觉得等待没有那么糟糕。迪士尼公园表示，如果出现恶劣天气，它不会提供雨具设备，但如果你询问他们，他们会给你。迪士尼公园有政策，并且实施了它们。以具体措施取代政策，这让客户高兴。

• **雇用合适的人**。虽然公司中的每个人都应该服务客户，但服务这项工作并不适合每个人。这些业务人员应体现三种品质。

▪ **同理心感**。当客户不满意时，服务人员也应该感到不快。未解决的问题应该会困扰到他们。这是工作中最重要的人员素质。

苹果公司最好的员工是在进入公司之前就已经在使用麦金塔的人。

▪ **投入**。有些员工想设计产品；有些员工想做销售；有些员工想要帮助客户。服务人员应该从帮助他人中获得满足感，认为服务工作是一种目标，而不是实现目标的手段，这才是你想要的人。

▪ **相关知识**。服务人员应该了解并喜欢你的产品。因此，寻找服务人员的最佳来源之一是你已拥有的客户群。苹果公司最好的员工是在进入公司之前就已经在使用麦金塔的人。

• **向所有人开放客户服务**。许多公司都为所有员工提供服务，以了解客户所面临的问题。与其让员工查看描述客户满意度状态的数字和图表，不如让他们花些许时间来获取这些信息。例如，针对GoDaddy的所有职位的新员工培训，关于收听电话这一方面，包括一门关于客户服务功能的课程，以及访问客户服务区域。

- **让服务成为主流**。服务不应该是业务的底层或最低层。不幸的是，许多公司把服务看作一种无法避免的“弊端”，然后草草安排职员展开工作。服务应该是一个宣传和出色的整体，而不是不可避免的部分。它与销售和包装、广告和公关一样有效，留住现有客户比赢得新客户要划算得多。

第 13 章

“成为一个高尚的人”的策略

衡量一个人的真正标准是看他如何与对他毫无帮助的人打交道。

——塞缪尔·约翰逊（Samuel Johnson）

本章教你如何成为受人尊敬（高尚）的人。当重要的人都将你视为一个有道德、优雅且值得尊敬的人时，那你就获得了最高形式的赞美并且达到了职业生涯的巅峰。

对就是对，错就是错。

相比赚更多的钱与运营更大的公司，我想让你设立一个更高的目标。本章就教你如何成为一个“高尚的人”。

1. 去帮助对你无用的人

高尚的人会去帮助无力回报的人。他们不在乎对方是否有钱或有权。但这并不是说不应该帮助有钱人、名人或有权的人（事实上，这些人需要的帮助更多），只是你不能一味地去帮助这些人。

2．去帮助别人，不计预期回报

高尚的人帮助别人是不计预期回报的——至少这辈子是这样的。什么是报酬？这个报酬不是物质报酬，而是帮助别人后所体会到的单纯的快乐，仅此而已。

3．去帮助大多数人

高尚不是一个数字游戏。高尚的人会帮助大多数人，这是存在于他们行为系统里面的。在帮助别人这件事上，他们无法控制自己（当然，没有一个高尚的人可以帮助所有人）。

4．做正确的事

高尚的人会做正确的事。这意味着他们选择了另一条路甚至是更难走的路。对高尚的人来说，“情境伦理”是矛盾的。对就是对，错就是错。高尚的人做正确的事，而不是容易、便利、省钱或“我能看得过去”的事。

5．回报社会

高尚的人明白他们是受庇护的。这些庇护伴随着回报社会的责任。其基本准则是“我欠这个社会”，所以帮社会一个小忙，是在偿还社会，而不是在做好事。

练习

本书的最后一个练习。假设这是你人生的终点，你想让世人记住哪三件关于你的事？

（1）________________________________。

（2）________________________________。

（3）________________________________。

常见问题解答

Q：如何不去想成功这件事？

A：如果你生病了或离开了这个世界，那所有的财富、名声和权利都不重要了。所以当你觉得自己不能战胜困难的时候，想象一下，下一秒你可能就不在了。最有用的说法就是“最富有的人在医院”和“最富有的人”在墓地。

Q：如何在打销售电话或者和熟人做生意时不显得那么刻意？

A：如果你卖的东西是客户急需的，那你就不能有这种想法。如果你有这种想法，就不要再卖那个东西或者去向真正需要这个商品的人推销。

Q：潜在投资人会觉得慈善是软弱的且并不适合用在创业方面吗？

A：如果潜在投资人这么认为了，那是这个投资人的问题而不是你的问题。做好事和创造好事不是互相排斥的，也不是一致的。但不要以为投资人会因为你做了好事而对你投资。他们大多数只是想挣钱。

Q：纵然我有积极助人的一面，但也会有想攻击别人的时候，这时我该怎么办？

A：这就是曲棍球的意义——尽管别人告诉我自己在冰上摔了几次（每次都让情况变得更糟）。随着年纪的增长，我学会不予评价（或者不发邮件）并且会主动走开。

Q：总有人向我咨询专业意见，但是这会影响我完成自己的工作。我应该怎么办？

A：我每天都会面临这样的挑战。但是我想出了两个办法。有时候我会说自己没时间，因为有来自职业和家庭的责任。对此，人们也能理解，因为他们都惊讶于我一直都在回复他们的要求。有时候我告诉他们，如果愿意向伯克利冰上曲棍球队捐款 500 美元——因为我儿子在这个球队里，那我就帮他们修改商业计划。这很有效，真正需要帮助的企业家会捐款，而球队也得到了更多的经费。

推荐阅读

Halberstam, Joshua. *Everyday Ethics: Inspired Solutions to Real-Life Dilemmas*. New York: Viking, 1993.

后记

书籍本身的力量已经够强大了，但他们还是有力的、不见血的生命替代者。

——罗伯特·路易斯·史蒂文森（Robert Louis Stevenson）

感谢你花时间和金钱阅读我的书——可能是所有出版的书。作为回报，希望你能从书中获得如何创造意义和改变世界的启示。

解释商业周期起伏的方式有很多。这里我提出另外一种：显微镜/望远镜。

在显微镜阶段急需分级思考，就是要回到基础阶段，重点关注短期金融结果。专业人士应先放大细节、条例及花销，再追求预测、市场调研和竞争力分析。

在望远镜阶段，企业家离未来更近一步。他们会筹划大事，改变世界，并甩开后来者。钱是浪费了，但疯狂的想法还在，这个世界还在继续向前发展。

当望远镜发挥作用时，所有人都是天文学家，而整个世界都是满天星辰。当望远镜不起作用时，大家就会拿出显微镜，此时全世界都充满了瑕疵。因此，为了成功，企业家不仅需要显微镜还需要望远镜。我希望这本书对你眼前和长期的目标能有所帮助。

最后的故事：在写完这本书很久之后，我看了路易斯·皮尤（Lewis Pugh）发表的演讲。

他是第一位游泳穿过北极的人——准确来说游了1 000米。他这么做是想建立大众对气候变化的认识。本来大家想，北极这么冷，肯定到处都冰冻了。在零下1.7℃的水里待了几分钟后，会觉得昏昏沉沉，不是温暖到昏昏沉沉而是冷到麻木的感觉。他穿着普通泳衣而不是防寒泳衣游了18分钟。

为了达成目标，他使用了心理技巧：每100米就放一面队伍成员所属国家的国旗，将1 000米的里程分成十多个小节。第二面国旗到最后一面国旗都是澳大利亚国旗，因为作为英国人，他是绝对不会在英联邦对手（澳大利亚）前面放弃的。

在黑暗、无助、压抑的日子里（相信我，或多或少会有这样的日子），记住路易斯的故事，将不可能的事分为十件可能的事。把10亿美元的生意当成10个1亿美元的集合。1亿美元的生意当成10个1 000万美元的集合。苹果公司现在能卖出Macintoshes、iPhones、iPads以及iPods等产品，也是从最开始的几百个 Apple Is 开始的。

最后，我想说，希望某天能遇见你。如果正好你带着这本书，可以给我看看你做的笔记、折起的页角，或者勾画的句子。还有什么比看到你把我的书琢磨透了更让人开心的呢！

我已经花费你太多时间了。放手去做吧，创业的本质在于动手而不是理论学习。

盖伊·川崎（Guy Kawasaki）

加利福尼亚，硅谷

GuyKawasaki@gmail.com

企业家到底是做什么的？

虽然我有四个孩子，但是我发现解释我到底是干什么的很难。我孩子的朋友的父母有医生、律师、教师、房产经纪人等。这些职业解释起来很容易。但是要如何给孩子解释企业家这份工作呢？这是我提供的额外购书福利——解释企业家这个职业。

后记之后

你是成龙吗？

——无名青少年

25 年前，我有一辆敞篷保时捷 911。一天，我在加利福尼亚州门罗帕克国王大道前等红灯，四处张望时看到一辆车上坐着四个年轻女孩儿。她们和我眼神交流后，笑了起来。我想我真的成功了，连小女孩都知道我是谁了。其中一个女孩儿示意我把车窗摇下去。她显然没有 911，因为 911 是自动车窗。我照做了，期待着她说出有多喜欢我的书或者演讲，甚至还喜欢我英俊的外表。

然而，她说的是：“你是成龙吗？”

这和创业有什么关系吗？其实也没什么关系，但是一个好作家的标志就是要有热度。而且，优秀作家的标志是失去热度之后还能重新拿回来。我会给你展示这个过程的。

在书里面讨论这个话题，就像去看成龙电影片尾的花絮一样。感谢你看到这里，就像史蒂夫说的“再坚持一下”。

企业家会犯的十个错误

下列企业家最常犯的十个错误可以尽可能地帮助你避免同样的错误。如果可以的话，试着创造新的错误。

- **错误一：**用1%乘以大数字。企业家喜欢占领大量潜在市场（如互联网安全市场），并且认为即便是1%的市场份额也很大且容易获得，然后开始想象它带来的回报。

解决方法：由下而上计算。不做乘法，相反，应该做由下而上的算术。当你从零开始的时候，就会发现获得 1% 的份额是非常困难的。一旦你进入这个行业，第一年很可能是一无所获的，更不要说获得 1% 的市场份额了。

- **错误二：**规模扩张速度过快。乘以1%的后果就是你需要扩张基础设施和人员去寻求更大的、还未实现的成功。你提高了资金消耗速度，用完了流动资金，最后被炒了鱿鱼。

解决方法：有什么吃什么。通过达成销售后再扩张的方式来承担超前销售和损害名誉的风险。我从没见过哪家公司因为扩张速度太慢而失败，也从没见过扩张速度快的公司成功。你可能会成为第一个成功的人，但是这个趋势不是真理。

我的人生目标之一就是某天能遇到一个女孩儿问成龙他是不是盖伊·川崎。

• **错误三：**建立伙伴关系。企业家喜欢说“伙伴”，尤其是在不能用“销售”这个词的场合。除非一段伙伴关系能改变你的业务分析表，否则它就毫无用处。大多数企业家都在伙伴关系和销售这两个关系之间横跳，简直浪费时间。

解决方法：关注销量。不要将注意力放在伙伴关系上。在手臂上纹上“销量解决一切问题”。如果一张图片顶 1 000 个字，那么一个成交就顶 1 000 个伙伴关系。能使用“伙伴关系”这个词的时间大概是 6 至 12 个月，然后你会听到那个词——开除。

• **错误四：**过于关注集资。成功不在于集资，而在于建设了不起的公司。很多企业家都忘了集资是成功的一种方法，而不是成功本身。因此，他们会花好几周的时间去修改商业计划，然后突然出现在任何投资者面前。

解决方法：关注构建原型。在创业初期，构建原型是最重要的目标。一个好的原型能让你获得实打实的回报，甚至是成交订单。去发现，借用甚至众筹你生存所需的东西，然后将精力全部投入到构建产品中去。

• **错误五：**幻灯片页数过多。当你要展示蓝图的时候，千万别用五六十页的幻灯片。我知道你明白“少即是多”的法则，但还是忍不住认为自己是这个法则的例外。其实，你不是。如果你需要50页幻灯片来陈述自己的想法，那这个想法可能烂透了。

解决方法：遵守“10/20/30”法则。幻灯片的最佳页数是 10 页，你应该在 20 分钟内完成自己的展示，理想的字号是 30 号。更好的做法是放弃幻灯片采用样本，所以你还是需要一个原型。

• **错误六：**线性运作。企业家做事是线性的：筹钱、雇员工、做产品、小范围销售、筹更多的钱。他们想一次做一件事，并且把它做好。但这可不是初创公司的运作方式。

解决方法：多线并进。对企业家来说，生活是平行的，要做的是习惯它、懂它并以此活下去。你需要一次做好几件事情，能做好当然是最好的。你没有时间一次只做一件事。

• **错误七：**过于掌控数字。创始人喜欢掌控一切，所以他们会把公司价值最大化，而且卖出很少的股票数量。他们认为只要有51%的股份，就可以掌管公司。

解决方法：把蛋糕做大。赚钱的方法是做更大的蛋糕而不是抓住尽可能多的份额。谷歌 0.01% 的股份可比 Medicore 科技公司 51% 的股份值钱多了。掌控权是一件很虚幻的事情，当你获得外部资金时，其实你是在为投资者打工。

• **错误八：**把专利当作盔甲。企业家听了很多故事，说侵犯专利会吃好几百万美元的官司。所以他们认为专利可以保护知识产权。这就像在说贼已经被抓起来了，你不用再关门了。

解决方法：用成功做盔甲。专利保护是那些有律师且有钱的大公司的游戏。这肯定不是在说你的初创公司吧！能让初创公司保护自己的只有日渐强大，走向成功，从市场中汲取养分。你真的没时间和精力去告那些应该告的人。

• **错误九：**用自己的标准去招聘。很多企业家在招聘时都想要和公司其他人相当的员工。工程师招工程师，工商管理硕士招工商管理硕士，男的招男的。合群是一回事，但是如果公司里都是年轻人、男人、技术人员或其他什么类型，会很难发展。

解决方法：招聘遵从互补原则。初创公司的成功需要各种各样的人才，有不同的角度、不同的背景。与其像照镜子一样去招聘，不如招聘两个可以互补的人。最重要的互补能力就是生产和销售，所以要马上填补这个基础。

• **错误十：**和投资人做朋友。在蜜月阶段，就是第一次会面后的九十天里，你可能会产生和投资人做朋友这种疯狂的欲望，因为你们之间的关系很和谐。这是因为你才做的投资，因此他们永远不会开除你。嘿，醒醒吧！

解决方法：摆脱幻想。你想要亲密关系，周末自己上社交网站。你的工作是从投资者那里拿到钱，并合理高效地使用这笔钱，最后再以十多倍的数量还给他们。如果最后你讨厌谁也没关系，只要达成了最终的销售目标就行。

如果你想看到生动的我，可以在 YouTube 上搜索我在哈斯商学院做的关于这个主题的演讲。我很有趣，虽然不是成龙那种有趣，但是也足够了。我的人生目标之一就是，某一天能有一个女孩儿问成龙："你是不是盖伊·川崎？"

译者后记

并不是所有的企业家都适合以说教的方式来帮助年轻创业者，甚至可以说，绝大多数成功企业家其实很难客观、系统地将自己实践经验中的共性要点抽象出来。当然，盖伊·川崎恰恰就是那种能提炼出深刻认知，又能将其娓娓道来的少数人。作者盖伊·川崎在硅谷被创业者们熟知，这位连续创业者、天使投资人、专栏作家和畅销书作者在创业者群体中有很高的人气，很多创业者从他的文字、演讲中受益。

我和我的同事近年来翻译过多部美国创业类畅销书，截至目前，我们选择的都是同时具有创业经历和天使投资经历的作者写的书。因为创业者和投资人两个不同视角下的世界是大相径庭的，而年轻创业者们需要来自这两个不同视角的画面。我一直认为读一本书是与作者深入交流非常好的方式，作者也在为你传递他所听到的声音，而那些声音，往往是作为创业者的读者不一定能“听到”，或者需要付出高昂的代价才能“听到”的。

本书既不是励志鸡汤，也不是趣闻八卦，而是过来人对创业感悟的交心分享，以及对年轻企业家的手把手指导。说它是感悟分享，是因为它会告诉你“成功的公司都始于非凡的雄心壮志”的观点往往只是事后视角的认知错觉；也会告诉你作为企业家应该有的视野、格局和善意。说它是手把手指导，是因为它把做展示前如何准备 PPT 的建议具体到“使用深色背景传达出严肃感和务实感”；它用两个自己修改的演讲文稿让读者直观了解了准备宣讲内容的注意事项。

当你读到这篇后记的时候，估计已经读完了全书，但我还是想说，这本书是那种你一开始阅读，就想一口气读完的畅销书。在读书的速度远跟不上新书出版速度的当下，读这样一本书是非常有价值的。如果你是先看到译者后记，那希望你能接受我的建议：来吧，在本书的阅读中获益吧。

陈耿宣 陈桓亘